FAMOUS MEN OF ROME

罗马名人传

[美] 约翰·哈伦 艾迪生·波伦◎著

黄波◎译

国际文化出版公司

·北京·

图书在版编目（CIP）数据

罗马名人传 ／ （美）哈伦，（美）波伦著；黄波译．－－北京：国际文化出版公司，2016.4（2024.2 重印）
（美国小学生读的名人传）
ISBN 978-7-5125-0833-0

Ⅰ．①罗… Ⅱ．①哈… ②波… ③黄…Ⅲ．①名人－列传－古罗马－少儿读物 Ⅳ．① K835.460.2-49

中国版本图书馆 CIP 数据核字（2016）第 013709 号

罗马名人传

作　　者	［美］约翰·哈伦　艾迪生·波伦
译　　者	黄　波
责任编辑	赵　辉
统筹监制	葛宏峰　张　坤
策划编辑	闫翠翠　周书霞
美术编辑	秦　宇
出版发行	国际文化出版公司
经　　销	国文润华文化传媒（北京）有限责任公司
印　　刷	北京一鑫印务有限责任公司
开　　本	880 毫米 ×1230 毫米　　　32 开
	6.5 印张　　　　　　　　129 千字
版　　次	2016 年 4 月第 1 版
	2024 年 2 月第 4 次印刷
书　　号	ISBN 978-7-5125-0833-0
定　　价	49.00 元

国际文化出版公司
北京市朝阳区东土城路乙 9 号　　　　邮编：100013
总编室：（010）64270995　　　　传真：（010）64270995
销售热线：（010）64271187
传真：（010）64271187-800
E-mail：icpc@95777.sina.net

前　言

◎约翰·哈伦

　　学习历史，就像研究一处景观一样，应该从最重要的特征开始。直到这些主要的特征固定在记忆里，那些次要的特征才能落入它们适当的地方及采用正确的比例。

　　古今的名人们都是历史的山峰。学习历史从这些名人的传记开始，是很符合逻辑的。

　　不但符合逻辑，而且符合教学法。经验告诉我们，为了吸引并抓住孩子们的注意力，每一个呈现在他们面前的最重要的历史特征，都应该有一个独立的个体作为中心。如此，孩子们便能从提供的重要人物中自己做出辨别。孩子们在阅读这些传记的时候，不但要把罗慕路斯、赫拉克勒斯、恺撒，或是亚历山大大帝记在脑子里，而且还要把自己置于历史人物相同的境遇而感同身受。

　　杰出的教育者都认同这些真理，长久以来，他们认可传记作为历史学习之准备的价值，并且在他们的学习计划中给予了其重要的地位。

　　在过去的教学实践中，许多小学都把美国历史的细节作为历史教学的开端，而不教授前代的通史知识，这样就限制了学生们的视野，抑制了他们的同感力，从而让他们在学习历史的时候缺乏对比的材料。不但如此，它还阻断了学生们对希腊哲学家、罗马立法者、条顿自由热爱者知识的继承。因此，在十人委员会的报告中有一种强烈的敦促——在十五人委员会的报告中也同样被强调——那就是在美国的小学中，以传记的形式学习希腊、罗马以及近代欧洲的历史，应该优先于对美国历史细节的学习。十人委员会推荐八年制历史课程，从小学五年级开始，直到高中课程结束。头两年整体学习传记和神话。十五人委员会建议历史的学习要贯穿于小学的各个年级，而且强调传记在通史教育中的价值。

　　这套书属于历史故事系列，在编写时以十人委员会及十五人委员会的建议为基准，并与一流学校的最佳教学实践相符合。作者的目标在于让每一位名人的生平都生动有趣，在讲述这些故事的时候力图通俗简洁，让每一个低年级的学生都能愉快地阅读，并且让这套书使用起来如同教科书一样让学生们获益。

　　那些发现在本已拥挤不堪的课程安排中给神话与传记安排一席位置难以行得通的老师们，经常更喜欢阅读相关的历史，如此，这套书对他们而言便是非常值得期待的。

　　书中的插图具有非常高的价值。你将会发现，它们的数量和质量比此前的任何学校用书都略胜一筹，因为它们大部分是从世界名画复制而来。

$\mathcal{C}$目录 ontents

第一章　罗慕路斯

一

很多很多年以前，在意大利这块宜人的土地上，有一个城市叫阿尔巴。它坐落在山的朝阳面，临近台伯河，离地中海也不是很远。城中和山的周围住着一个勇敢智慧的民族，叫作拉丁族。还有几个部落居住在邻近的山区和平原中。

拉丁族实行君主制，最早期，有一个国王叫埃涅阿斯。他是一个有名的特洛伊首领，在特洛伊被希腊人摧毁后，带领家人和朋友来到意大利定居。

埃涅阿斯死后许多年，有一个叫作普罗卡斯的后代做了阿尔巴的国王。他英明神武，治理有方，时间一长，这个依山而建，靠种植小麦和葡萄的弹丸小国，变得富庶起来。普罗卡斯有两个儿子，一个叫努米托尔，一个叫阿缪利乌斯。努米托尔是长子，也是王位的继承人。但是国王普罗卡斯死后，阿缪利乌斯用武力占领了王国，坐上了王位。

无奈，努米托尔只好带着一男一女两个孩子，离开王宫，到不远的农场居住。

二

阿缪利乌斯虽然当上国王，但心中并不十分开心，他时常被努米托尔的一双儿女所困扰，认为有朝一日，这个男孩作为他父亲的继承人会来追讨王位，又或者女孩嫁人生子后，努米托尔的外孙也会向他要回王位。

为了防止这种事情发生，他秘密地处死了努米托尔的儿子，并指派努米托尔的女儿西尔维亚到维斯塔女神的神庙担任女祭司或神侍。这个神庙只有女侍，而且她们要发誓三十年不能结婚。她们由此被叫作维斯塔贞女。她们的职责就是保护女神祭台上的火种不灭。此火又叫圣火，人们相信，如果火灭了，就会有大灾难降临这座城市。

维斯塔贞女

此时阿缪利乌斯认为，再也没有人会阻碍他当一辈子国王了。但是有一天，战神马尔斯从天宫下凡，落到一个山顶上，刚好看见西尔维亚走出神庙到井边打水，他被她的美貌深深地迷住了，于是来到庙中。西尔维亚看见了年轻英俊的马尔斯，也爱上了他，于是他们悄悄结婚了。随着时间的推移，西尔维亚产下了一对漂亮的双胞胎儿子。当阿缪利乌斯听到这个消息，立刻下令处死西尔维亚，因为她打破了誓言，又令人把两个婴儿扔进台伯河。没有人敢违抗他，邪恶的命令被执行了。

不过，幸运的是，两个婴儿被放在一只结实的篮子里，随河水在台伯河里漂流，直至漂到帕拉蒂诺山脚下。在那儿，篮子与无花果树的巨大树根相撞，篮子被撞翻，孩子们也被甩到了河岸上。

这时，一只巨大的母狼巡山回来到河边喝水，听到了婴儿微弱的哭声，于是走了过去，看到他们无助地躺在湿地上。它用粗糙的爪子温柔地碰了碰孩子们，把他们翻过来，舔了舔他们的脸和胖胖的身体。或许它把他们当作了自己的幼崽。不管怎么说，它带着两个孩子上了山，进了岩石下的洞穴。在那里，它像喂养自己的狼崽一样喂养他们，而且也非常喜欢他们待在自己身边。据说，有一只啄木鸟每天在洞里飞进飞出，带来浆果给孩子们吃。

一天早晨，国王阿缪利乌斯的牧羊人浮士德勒正在寻找迷路的羊群。当他路过帕拉蒂诺山时，看到一对男孩跟狼在洞口玩耍。于是他吓走了狼，把孩子抱回了家。他妻子也非常可怜这对弃儿，

罗慕路斯和雷穆斯

像对待自己的孩子一样照顾他们。

　　牧羊人给他们取名罗慕路斯和雷穆斯。两人长大后，成了强壮、英俊的小伙子，他们勇敢，而且善良。在 20 岁之前，他们一直与牧羊人生活在一起，帮他放羊或自由自在地在山林间闲逛。

　　与此同时，努米托尔一直生活在农场，而他的兄弟阿缪利乌斯也依然是阿尔巴国王。努米托尔并不知道两个外孙还活着，没有被溺死，而且跟他还住得很近。

　　不过，有一天，雷穆斯跟努米托尔的几个牧羊人吵架了，他们把他关了起来。后来又把他带到努米托尔面前，努米托尔对这个年轻人的高贵气质印象深刻，问他到底是谁。

　　雷穆斯把他知道的关于他和罗慕路斯的身世说了出来，说他们怎么在母狼的洞中被发现，怎么被国王的牧羊人抚养成人。就在这时，浮士德勒和罗慕路斯来找雷穆斯，当他们发现他没有受到任何伤害，都非常高兴。努米托尔询问了牧羊人发现孩子的经过，听了以后确信罗慕路斯和雷穆斯是西尔维亚的儿子，他们神奇地从残忍的外叔祖的严酷手段下活了下来。他非常高兴找到了外孙，并对牧羊人的养育之恩感激不尽。

罗慕路斯和雷穆斯也非常高兴找到了外祖父，对他们命运的突转感到惊喜。当他们听了阿缪利乌斯的所作所为时，决定为母亲的死报仇。于是他们带了一帮随从奔赴阿尔巴的王宫，直冲国王的卧室。

"睁开你的眼睛看看，我们就是西尔维亚的儿子，别以为当初已经杀了我们。"他们朝着阿缪利乌斯吼道。这时阿缪利乌斯已经从被袭的警报中爬了起来，"你杀了我们的母亲，你要为此付出代价。"不等他说一个字，兄弟俩拔出宝剑，一下把他的头砍了下来。然后，他们迎努米托尔回宫，祝贺他成为阿尔巴合法的国王。

三

过不多久，两兄弟想在帕拉蒂诺山上建一座城市，就是母狼曾经哺育他们的地方。他们来到山上选址，讨论如何给城市命名。

"我会成为国王，当然要以我的名字命名。"罗慕路斯说。

"不，"雷穆斯大喊。"我会成为国王，要用我的名字命名。我跟你有一样的权利。"

这样，两兄弟吵了一会儿，最后同意这样解决：

　　等到半夜，罗慕路斯站到帕拉蒂诺山上，雷穆斯站到不远的另一座山上。然后向众神乞示，在空中给他们一个信号，让他们知道众神更偏爱谁。谁第一个看到异象，谁就可以命名这座城市，并成为国王。

　　于是他们静静地看着，但是直到第二天太阳升起也没有东西出现。突然，雷穆斯看到 6 只巨大的秃鹫由北向南飞去，于是迅速跑到帕拉蒂诺山告诉罗慕路斯他所看到的，但就在这时，12 只秃鹫，一只接着一只排成一线，从罗慕路斯的头上高高地飞过，一会儿就消失在他们的视线中。

　　于是罗慕路斯声称他得到了神的厚爱，因为他的鸟比较多。而雷穆斯也声称神钟爱的是他，因为他的鸟出现得更早。罗慕路斯问了几个朋友的意见，他们认为他的声明是对的。于是不再理雷穆斯，开始把新城建了起来，并根据自己的名字命名为罗玛，也叫罗马。他用犁在帕拉蒂诺山上划出城址，又沿着台伯河岸修了一道矮矮的城墙来保护城池不被侵入。

　　一天，工程在进行中，雷穆斯气冲冲地经过那里。因为他还在为上次的事生气，就嘲笑城墙这么矮，并鄙视地对他哥哥说：

　　"这样的工事能保护你的城池？防小孩子还差不多，大人嘛，跳也能跳过去。"

　　说着话，雷穆斯把手放在墙上，纵身一跃而过，来证明一下他的话是对的。不承想罗慕路斯突然暴怒，拿起一把铁锹狠狠地砸在他头上，雷穆斯就此一命呜呼。接着罗慕路斯大叫一声：

"从今往后，谁要是翻过这道墙，杀无赦。"

事后，罗慕路斯继续推进他的工程。在筑墙的同时，他也建造了几间房屋。起先，房屋全部是用木头搭建，上面用泥和草覆盖。但到了后来，他们开始用石头建房子，同时还建了许多受到好评的庙宇、戏院、街道和广场。就这样，罗马成了当时世界上最宏伟最壮观的城市。

罗慕路斯创建罗马城在公元前 753 年。建成之后，也遇到了困难，不知道怎么叫人住进去，而自己的追随者又少，无处招募更多的人。于是他想了个法子，让罗马成为避难所，为在别的国家遇到困难的人提供容身之处。

这样一来，那些在别处犯了罪想逃避惩罚的人，听说罗慕路斯给他们提供避难所，于是蜂拥而来进入罗马。还有一些是被自己的敌人驱逐出来的，也有一些为这样或那样的理由远走他乡的。因此，时间不长，罗马城到处都是人，虽然他们来自不同的部落和国家。由此罗马算是建国了，几年之后，各方面开始稳定增长，变得繁荣兴旺起来。

但其中有一个问题大大困扰了罗马人：很多人没有老婆，也娶不到老婆，之所以这样，是因为罗马人的名声不好，邻近部落的人不愿嫁给他们。罗慕路斯绞尽脑汁想让城民娶到好的老婆，但怎么做，困扰了他好久。后来突然灵光一现，他想到一个妙计，接着马上付诸行动。

他向邻近的城市散播消息，说某日以神王朱庇特的名义，在罗马城前的平地上举行盛会，到时会进行一场运动会，比如格斗、赛马和其他一些项目。邀请人们去参加盛会，同时还可以参加运动会来赢取奖励。

　　盛会那天，人山人海，远近男男女女，都聚集在罗马城墙面前。几百个美丽的姑娘打扮得花枝招展，多是来自萨宾部落。那是一个勇士辈出的部落，就住在离罗马不远的山上。突然，罗慕路斯吹响了隆隆的号角，罗马人快如闪电，冲出城外，抓起那些姑娘把她们掳进城中。

劫夺萨宾姑娘

　　萨宾人被彻底激怒了，他们的国王提图斯·塔提乌斯率大军前来，立刻向罗马人开战。战争持续了三年，但萨宾人太强大，罗慕路斯在战场上久战不胜，只好将军队撤回城中。萨宾国王塔提乌斯快速跟进，下定决心要攻克罗马，不然就战死沙场。

　　这时罗慕路斯在帕拉蒂诺山附近的山上建了一座堡垒，来阻挡入侵者进入罗马。这座山叫农神山，而堡垒由一个勇武的罗马首领坚守，他有一个女儿名叫塔尔皮亚。

　　当萨宾人来到堡垒面前时，遇到了阻碍，无法向前。于是组织了一次又一次的进攻，希望找到一个突破口，但都无功而返。堡垒有一扇锁住的小门，塔尔皮亚平时通过这扇门出来打水。有一次国王塔提乌斯看见了她，立刻走向前说："美丽的姑娘，你把门打开，让我们进去吧。如果你开门，我们会给你任何想要的东西。"

　　塔尔皮亚用羡慕的眼神盯着萨宾人手上套着的金手镯。

　　"可以啊，"她说，"但你要给我一些士兵胳膊上戴着的东西。"

　　国王塔提乌斯同意了，塔尔皮亚打开了门。当萨宾人大踏步从这个糊涂的姑娘身边走过时，每个都把手上的盾牌扔给她，而不是金手镯。

　　盾牌有圆形的，也有方形的，由铜、竹编或者是覆有金属板的牛皮制成。盾牌的背后有两个把，可以套在士兵的左手和小臂上，这样上下挥动来保护头部胸部免受攻击。

　　当沉重的盾牌在她身边堆积起来时，塔尔皮亚蒙了。一个盾

牌击中了她，又一个，再一个。最后，她倒在了地上，很快就被
盾牌压死了。

　　当士兵们看到塔尔皮亚已经死了，就把扔给她的盾牌拿了起
来。接着又把她的尸体从门边的一块巨石顶上扔了下去。从此这
块巨石就被称为塔尔皮亚石。几百年来，罗马人惩罚叛徒时就把
他从这块石头上扔下去。

　　萨宾人一通过堡垒，就奔下农神山对罗马城发动攻击。但罗
慕路斯和手下的勇士军团勇敢出城迎战，阻击敌人。两支军队在
山谷中相遇，一场恶战拉开了序幕。

　　正当他们打得难解难分时，一群妇女发疯似的从城中跑了出
来。她们是被罗马人掳走的萨宾女人，有的甚至还抱着婴儿。她
们冲到两军阵前，恳求双方停止战斗。

　　"不要再为我们打了，"她们对前来的父亲和兄弟说，"我
们爱我们的男人，他们对我们很好，我们也不愿离开他们。"

　　如此一来，战斗平息了。罗慕路斯与国王塔提乌斯开始谈
判，双方也同意停战。同
时建议将两个国家合并成
一个，把政府和军队也联
合起来，但两个国王拥有
同等的权力。

　　此后不久，国王塔
提乌斯逝世。罗慕路斯一

萨宾女人劝战

个人统治了将近 40 年。他是一个聪明而且公正的国王，为人民做了许多好事。他还创建了一个叫作元老院的机构，帮他处理政府要务。元老院（senate）来自于拉丁文（senex），意为老人。由罗马早期移民中的首领或者老人组成。这些移民的后代称为贵族或元老（patricians），也是从拉丁文（pater）而来，意为元老。在罗马，他们就是贵族或者上层社会，而普通市民称为平民（plebeians），从 plebs 而来，拉丁文的意思是普通民众。

罗慕路斯非常关心年轻人的培养，他要把他们训练成优秀的士兵。在城外，沿着台伯河岸，有一片广袤的平原，以后被称为战神广场或战神之地。罗马士兵就在这里接受军事训练，学会如何使用长矛、标枪、刀剑及盾牌。他们也接受跑步、跳跃、摔跤、游泳和负重训练。经过训练，年轻人就可以适应艰苦的战争，随时为国而战并赢得胜利。

据说罗慕路斯晚年突然从世界上消失了。有一天，他把人们召集到广场上，接着告诉人们一场疾风暴雨即将来临。说完，倾盆大雨落了下来，天空中电闪雷鸣，非常可怕，人们连忙逃回家去。

当风暴平息，人们回到广场，却已经找不到罗慕路斯了。此后，人们都说是他的父亲战神马尔斯把他带到空中，乘着金色的马车奔向了云中。

第二天黎明之前，罗马人尤利乌斯看见一个人影从空中降下，长得跟罗慕路斯一模一样，走到他跟前说：

"去，向我的子民传达神的旨意，罗马将会成为世界上最伟

大的国家。始终牢记勇敢、善战的理念，那么世上将没有人可以
征服他们。"

　　之后，罗马人就把罗慕路斯当作神一样来崇拜。他们以奎里
努斯之名来供奉他，奎里努斯是战神马尔斯的其中一个名字，而
且还在奎里尔诺山为他建了一座神庙。

第二章 努马·庞皮留斯

一

罗慕路斯消失后，罗马整整一年没有人担任国王，由元老院暂代职权。但人们不太满意，更倾向于由一个人来统治，虽说有权自己选举新的国王，但他们把机会让给了元老院。元老院选择了努马·庞皮留斯，他是一个善良睿智的人，来自于萨宾族。

得知自己被选为国王后，努马做的第一件事，就是去问占卜师，想知道让他成为罗马的统治者是否是神的旨意。

占卜师就是我们讲的算命者，在罗马人数众多，并受到极大的尊重，由公费供养在大的寺庙里。他们假装通过观察天象、研究鸟儿与动物的行为，然后告诉人们国家和人民将要发生什么。平时无聊的时候，他们就弄些小把戏骗一些愚蠢的人取乐。

算命者戏弄民众

在统治伊始，努马做了许多重大的变革。在他继位之前，罗马的年轻人从小就进行军事化培养，根本不懂商业贸易。在罗马，无论贫富，从事贸易或者制造是一件丢人的事。那些从战争中俘虏而来的奴隶，从事着最艰苦的工作，如缝制衣物、打造工具、锻造武器和制作家庭用品，还要烧饭做菜、端茶送水，可以说是罗马家庭的勤杂工。然而罗马的公民则不用屈尊到农田和酿酒厂里劳作，他们中的很多人就是这样生活（一切工作都由奴隶完成）的。

努马主政不久，就把部分公共土地分割成小块，分给每一个穷人。因为公共土地属于国家财产，而不属于私人。

对这些刚刚从事农作的人，开始的时候异常困难，他们心怀不满，不肯好好耕作。他们以前大多数是军人，除了行军打仗，对别的事情几乎一无所知。但过了不多久，他们就认识到能够自食其力和独立自主是一件幸事。田地虽小，却是温馨的家园。就此开始爱上新的生活，不久，除了满足自己和家庭的需要，还能有所节余。

二

国王努马还制定完善很多法律法规，把它们镌刻在铜板上，在特定的时间里向公众宣读和阐述。

努马对邻国也非常友好，在他们困难的时候帮助他们。偶尔有人建议与他们开战，他也从不理会。在他当国王的这段时间，罗马没有敌人，也没有战争。

在罗马城外，有一片神秘的树林，林中有一个漂亮的山洞，是一个很大的洞穴，里面住着一个美丽的女人，名叫埃格里娅。有些人称她为女神，还有人则认为她是仙女。她熟知魔法，能做常人看起来不可思议的事情。不论何时，只要她一声召唤，那些会唱歌的小鸟就会飞到她身边。它们停在她的头上、肩上和手上，唱着最动听的歌谣。即使森林中最凶猛的野兽也是她的朋友，那些大狗熊和狼可以在她脚边待好几个小时，还像猫一样发出咕噜咕噜的声音。

这个神秘的女神或者说仙女，不管怎么称呼，非常喜欢和尊敬努马，后来两个人结婚了。于是她教了他很多魔法的秘密。她讲解的时候，努马听得很认真。没过多久，他也能独自做一些奇妙的事情了。

三

罗马人是神的虔诚崇拜者。他们都相信神是确实存在的，并建立了许多宏伟的庙宇用于举行宗教活动。

国王努马对宗教一直都极为重视。他派遣大量的官员来保护神庙，同时督促神职人员更好地举行宗教仪式。他的信仰非常坚定、忠诚，同时以榜样的力量慢慢引导罗马人变得更加虔诚。

罗马人信仰的最伟大的神是神王朱庇特，他被认为是天地之间的主宰者，具有强大的神力，可以在天上发出雷电，就算点个头也能使大地震颤。而地上的许多事情由他的妻子朱诺料理。曾经有人认为朱庇特与众神住在希腊的一座高山上。这座山上面白云缭绕，人们看不到众神，但神对地上发生的事却一清二楚。

朱庇特有两个兄弟，尼普顿和普鲁托。尼普顿是海神，住在地中海海底一座宏伟的、金色的王宫里，掌管着水上和水下的一切。高兴的时候，用海豚拉着豪华战车航行于波浪之上。发怒的时候，就在海上掀起阵阵巨浪。

普鲁托，朱庇特的另一个兄弟，是掌管地狱或者冥界的神灵。他的家深入地下，那里黑暗而且阴郁。罗马人相信人死后会被带到普鲁托的黑暗王国。

还有一些主神，如马尔斯、墨丘利、武尔坎努斯、阿波罗和雅努斯。

马尔斯是战神，在罗马特别受到尊崇。因为人们相信他是罗慕路斯的父亲。每年以他的名义在固定的日子举办盛会，届时有雄壮的仪仗队、美妙的颂歌和宗教舞蹈。

墨丘利是朱庇特之子，主管口才与商贸。同时也是众神的信

战神马尔斯

狩猎女神狄安娜

使，传说中可以穿梭时空，把信息从一个地方传递到另一个地方。他的头脚长有小翅膀，手上拿着一支金魔杖，上面缠着两条蛇。

武尔坎努斯对冶金非常熟悉，有一个巨大的铁匠铺，坐落在火山中心，可以在那里用铁、铜和金等金属打造各种绝妙的东西。铁匠、铜匠和金匠都受他保佑，他是他们的主要保护神。

阿波罗，也叫福玻斯，意为太阳，被称为日神。他给世界带来光明与温暖。同时他也是掌管音乐和医药之神。他的妹妹狄安娜是月神或者夜神，她同时也是掌管狩猎的女神。在绘画中，她经常以这样的形象出现：肩上背着一筒箭，抓着一只雄鹿的角牵着它。

神灵雅努斯在罗马也受到很大的尊崇。人们相信他是掌管开业的神灵。因此，当罗马人开展新的重要工作或事务的时候，就会向雅努斯祈祷。为此，一年的第一个月或者开头叫作雅努斯月，或者一月。雅努斯也是门神。在雕塑与绘画中，经常以相对的两张脸示人，因为每扇门有两个方向，进门和出门。

努马·庞皮留斯还建了一座神庙来供奉雅努斯。战争期间，

庙门始终敞开，象征神灵会走出
神庙保佑罗马人。和平年间，门
就会被关闭。

雅努斯

　　罗马人也信仰爱神维纳斯，
智慧女神密涅瓦、花神弗洛拉和
许多其他神灵。

　　罗马人没有设特定的日子，
像我们的星期天一样，专门用来
礼拜，但寺庙每天都是开放的（除
了雅努斯神庙）。他们会祈祷、
唱颂歌以及有时像我们说的跳宗教舞蹈。平时也会供养神灵，呈
上水果、蔬菜、公牛、羊羔或者山羊，而供品最后会落到寺庙的
祭司手里。努马·庞皮留斯统治了将近半个世纪，在他领导下，
人们过着和平、繁华和快乐的日子。

第三章　贺拉提和库里亚提

一

托里斯·奥斯蒂吕斯是罗马的第三任国王。在他统治期间，有一场著名的搏斗，发生在罗马三兄弟与拉丁三兄弟之间。事情的由来是这样的：罗马人和阿尔巴人，也叫拉丁人，像前文说的，长年累月不断地争吵，还想侵入和掠夺对方的土地。经历了几次小的摩擦后，两国开始宣战。

罗马国王托里斯带领军队向阿尔巴边境进发，而就在边境，阿尔巴国王梅提乌斯亲自挂帅，带领拉丁大军挡住了去路。

托里斯看到拉丁士兵阵容强大、坚定刚毅，使罗马人难以前进，于是觉得还是跟梅提乌斯谈谈更好，看看能不能用和平的方式解决两国争斗。然后就派人去请梅提乌斯，两人就此事进行了商议。梅提乌斯也不想发生战斗，就对托里斯说：

"能不能这样，我们都用少量的士兵来定输赢，不要造成大的伤亡。我的设想是：你可以在罗马军中选择三个最好的战士，我呢，也在阿尔巴军中选择三个最好的。六个人在两军阵前展开搏斗。如果罗马人赢了，阿尔巴就向罗马投降。但是如果拉丁人赢了，罗马就向阿尔巴称臣。你意下如何？”

“好主意，”国王托里斯说，“我同意这个设想。愿强者胜出。”

说完，两人分开，各自去做准备，因为这场搏斗决定着两国的未来。

二

罗马人选了有名的贺雷修斯家族的三兄弟，他们是一流的战士，叫作贺拉提，是贺雷修斯的复数形式。贺拉提兄弟高大、英俊，且力大无穷、坚忍果敢。

而阿尔巴人也选了三兄弟，也都勇冠三军，叫作库里亚提。他们勇敢无畏、武艺超群，以俊朗神武著称，也是一流的，有资格为国一战。

一切准备就绪，贺拉提和库里亚提来到大广场中间，各自站定。双方都带着短小厚重的刀剑和巨大结实的皮盾。两军士兵列队围绕在六大勇士周围，隔开一段距离，

贺拉提兄弟出征

以便留下足够的空间进行格斗。

沉默了片刻，接着双方响起了嘹亮的军号声，作为战斗的信号。

叮叮当当，刀来盾往，搏斗开始了。

双方进招迅速、灵巧，战了几个回合，基本没有怎么受伤。突然，拉丁军营发出了一声兴奋的呼喊，只见其中一个贺拉提和一个库里亚提经过激烈的搏斗后被击中，倒地而亡。罗马人发出了一阵叹息声，变得垂头丧气，然后看看另外两名勇士，为他们捏了一把汗，同时也非常紧张。

贺拉提毫不畏惧，以二对三，拼尽全力一战，一步一步把库里亚提逼退到广场边。罗马士兵见贺拉提如此英勇，发出阵阵欢呼，仿佛胜利就在眼前。

突然听得"啊呀"一声，一个库里亚提剑一晃，快速刺向另一个贺拉提，一剑毙命。紧接着拉丁士兵发出阵阵欢呼：

"我们胜利了！我们胜利了！我们胜利了！向英勇的库里亚提致敬。"

罗马人的悲痛在愤怒中燃烧。现在只剩一个勇士，最后一个英勇的贺拉提。但他正从场上奔逃，好像要放弃战斗。三个库里亚提乘胜追击，他们也已经受伤。其中一个跑在稍微前面，眼看要追上贺拉提，提剑欲刺，不想罗马人一个回马枪，打个正着，结果了他的性命。

两军呼声顿止，仿佛中了魔法一般，目不转睛地盯着他们，寂静无声。

　　又一个库里亚提赶了上来，与贺拉提战在一处，但是贺拉提沉着冷静，而且武功高出一截，几个回合，就杀了这个拉丁人。原来，他逃跑是假装的，就是为了分散库里亚提，各个击破，先杀了其中两个，然后孤注一掷，与最后一个拉丁人决斗，不多时，就给了他致命一击。罗马胜利了，罗马士兵们齐声高喊：

　　"向勇敢的贺拉提致敬！向冠军致敬！向救国者致敬！"

　　然后他们把贺拉提托在手上，举到头顶，带着来见国王托里斯。托里斯给他戴上了胜利的桂冠。这是奖励罗马士兵在战斗中英勇表现的一种方式。后来，他们还在城中的神庙中给他建了一座雕像，以示表彰。

三

　　罗马人唱着胜利的战歌凯旋，贺拉提则走在国王身边。此时一大群妇女从城门里涌了出来，热烈欢迎军兵们的到来，与他们一起分享胜利的喜悦。贺拉提的妹妹也在人群中。其实她早已与其中一个库里亚提私订终身，因为罗马人与阿尔巴人相邻，和平期间互有来往。当她得知自己的兄弟杀了自己的爱人，流下了痛苦的眼泪，然后指着贺拉提大骂："你杀了我的爱人，不要再靠近我，我恨你，我诅咒你。"

　　贺拉提一时气愤，突然拔剑刺向她的心脏，她栽倒在他脚边，然后他高声喊喝：

　　"哪个罗马女人再为我们的敌人哭泣，就杀了她。"

　　这突如其来的谋杀导致贺拉提被判处死刑。可是人们不想让这判决执行，于是让他承受一定的惩罚来赎罪，不久后，人们释放了他。

第四章 塔克文

一

安库斯·玛尔提乌斯是罗马的下一任国王。他是努马·庞皮留斯的孙子，也是一位明君。安库斯·玛尔提乌斯认为，在罗马建立海港供来往船只停留是一件利国利民的事。为此，在台伯河的开口处，沿着地中海，在离罗马15公里的地方建了一座城市，取名为奥斯提亚，在拉丁语中意为出口，拉丁语是当时罗马人通用的语言。

在安库斯·玛尔提乌斯统治期间，有个叫卢库莫富的人来罗马定居。他来自塔魁尼，一个离罗马几公里的小镇，从属于一个叫伊特鲁里亚的国家或者地区。由此罗马人称他为塔克，英文称为塔克文。

在塔克文来罗马的路上，发生了一件非常奇怪的事情。他是乘马车来的，夫人塔娜奎尔坐在旁边，仆人跟在马车后面。接近城门的时候，一只鹰出现在头顶的天空中，缓缓盘旋而下，用嘴

罗马战车

叼走了塔克文的帽子，然后徘徊了一会儿，又把帽子重新放回了他的头上，接着尖叫着飞走了。

　　塔克文对这件怪事感到非常惊讶，不知道什么意思。但是塔娜奎尔心里很高兴，说这个是神给她丈夫的一个暗示，意味着他将成为一个伟大的人物，兴许是国王。

　　不久，塔克文在罗马就成了人人欢迎的人物。人们喜欢他是因为他花了很多钱做好事。国王也喜欢他，经常问他对政府事务的建议，因为塔克文是一个知识渊博而且很有智慧的人。当国王安库斯老了，觉得大限将至，就任命塔克文当两个幼子的监护人。

　　不久之后，安库斯驾崩，于是人们选塔克文为王。塔克文统治罗马将近 40 年，为罗马人做出了巨大贡献。

二

塔克文在农神山，就是当年罗慕路斯建造堡垒的那座山，造了一座著名的朱庇特神庙。当工匠们挖庙基的时候，找到了一个保存完好的人头，看上去就像刚埋进去的。这件事很蹊跷，于是请来占卜师一问，说这预示罗马将成为世界上所有城邦的首脑或首领。于是这座建筑就被命名为卡匹托尔（Capitol），从拉丁文卡布特（caput）而来，意为头脑。因此这座山也被叫作卡比托奈山。这也给英语增加了一个新词，现在把国会开会的大厦和州议会开会的大厦都叫作卡匹托尔。

建造卡匹托尔用了很长时间，但建成后，非常宏伟壮丽。它占地面积多达 8 亩，里面的大门小门都是用结实的黄铜制成，上面包了厚厚的黄金。庙中的墙是用大理石砌成的，上面装饰着由白银雕刻的美丽肖像。

塔克文在罗马还开展了其他几项工程，工程量和耗资都很巨大，几乎要用一生才能完成。其中之一就是罗马城墙。罗慕路斯当年修的城墙只是围绕帕拉蒂诺山。但从那以后，城市扩大了许多。最后，总共覆盖了七座山。为此，罗马也常被叫作七山城。这七座山分别是帕拉蒂诺山、卡比托奈山、西莲山、奎里

法西斯

尔诺山、埃斯奎里山、维弥纳山和阿文丁山。

塔克文做的另外一件事，就是建立了一支治安军，叫扈从。当国王出现在公共场合时，这些军官总是在前面开道。每个扈从肩上扛着一束背棍棒，里面裹着一把斧头，外面用皮带扎紧。此物名叫"法西斯"，象征着国王的威权。斧子是国王下令斩首罪犯用的，棍棒则用来鞭打罪犯。

还有一件事，塔克文建造了一个圆形广场，之后称为马克西姆斯竞技场（大竞技场）。这是用来赛马、开运动会、表演各种节目的场地。罗马人非常喜欢这些娱乐活动。很多人老是去看表演，但却没什么经济压力，因为不必买票入场。演出的费用经常由一些罗马的富人承担，他们想借机取得民众的好感。有时也会由政府埋单。

竞技场没有穹顶，但周围有很多座位，中间是一个巨大的空地，用来给表演者演出。空地上铺着沙子，称为竞技场（arena），在拉丁文中是沙子的意思。

由于进入竞技场的人数众多，所以必须造得非常大。在罗马帝国时期，在后文书中会讲到，马克西姆斯竞技场最大可以容纳25万人。罗马词汇圆形广场（circus）和竞技场（arena）这些词至今仍在英语中使用。

三

　　除了建造圆形广场，塔克文国王还大大地改进了集会的广场，周围增加了一些有顶的过道、门廊。集会广场是卡比托奈山下的一片空地，人们可以在那里举行公众会议，也可以听有关政治的新闻或讨论。它还可以用作集市，商人们把他们的货物摆放在沿着门廊的商店里。经过一段时间的建设，广场的周围建立了一些大型的建筑物，如法庭、神庙、塑像和各种纪念碑。就连元老院议厅也建在了广场上，那是元老们用来开会的地方。在广场的尽头靠近卡比托奈山的地方有一个通道，一直通往卡匹托尔神庙。

　　但塔克文国王做的最有用的一件事，就是兴建了贯通全城，最后通往台伯河的巨大排水系统。在此之前，罗马城没有下水道，但山脉之间有很多沼泽和湿地，这种情况使得城里许多地方非常

塔克文排水系统今景

不卫生。塔克文的排水系统抽干了沼泽，把水排到了台伯河。排水管道穿过整个城市，其截面又高又宽，人们甚至可以在里面行驶小船，并且搭建地也非常结实，一直保存到现代。这个杰出的排水系统至今仍在使用中。

塔克文还非常想对军队有关的法律进行变革，但一个叫安提斯·诺乌斯的占卜师告诉他，没有神的指示，这件事不能做。这使塔克文很恼火，因此想了个办法来证明占卜师并没有想象中的那么有能力或知识，于是他对诺乌斯说：

"过来，现在问你一个问题。我心中正在思考一件事，不知能不能做，你去找找神的指示，看看他怎么说。"

诺乌斯走了，又很快回来了，然后告诉国王，那件事可以做。塔克文接着说道：

"好，我心里想的是你能不能用这把剃刀把这块石头一切两半。如你所说这个能行，那就给我展示一下。"

诺乌斯拿起剃刀劈向石头，毫不费力地把石头劈成了两半。国王从此以后再也不怀疑占卜师的能力了。

四

塔克文死后，他的女婿塞尔维乌斯·图利乌斯成了国王。塔克文自己有两个儿子，而且安库斯·玛尔提乌斯的两个儿子也还活着，但人们更赞成塞尔维乌斯·图利乌斯成为他们的国王。

　　塞尔维乌斯是一位明君，不但完善律法，还像努马·庞皮留斯一样，把一些公共土地分割成小块分给城里的穷人。

　　他做的最重要的一件事，就是完成了从塔克文开始动工的罗马城墙。城墙很高，主要由石头和泥土堆垒而成。墙外还挖了一条 100 英尺宽，30 英尺深的护城河。墙上还开了几道门，由士兵日夜坚守，因此敌人难以侵入。

　　塞尔维乌斯还在罗马做了第一次人口普查，并定下一条规则或者说法规：每过五年，所有人都要在战神广场集中，然后清点人数。而人口普查（census）是一个拉丁词汇，意为清点或计算。现在美国还在使用这个词，每十年要对国家的人口进行清点。

　　塞尔维乌斯·图利乌斯是被塔克文的儿子杀害的。他也叫塔克文，名字是苏佩布。因他傲慢而且残暴，所以也称高傲者。塞尔维乌斯是在街上被杀害的，死后原地曝尸。邪恶塔克文的妻子、塞尔维乌斯的女儿图丽娅，驾着战车从她父亲的尸体上碾了过去。

　　之后，高傲者塔克文称王。在他统治期间，写有神谕的天书被带到了罗马。这些书不像我们现在的书。那只不过是三捆松散的羊皮纸，用希腊语写着高深莫测的句子。下面

图丽娅驾车碾父

来说说这三本书的由来：

一日早晨，一位老妇人来见国王塔克文，手上拎着九本书。她的意思是要把书卖给国王，但却开了一个天价。国王觉得好笑，于是命她离开。第二天，妇人又来了，但只带了六本书，说是把其他的三本给烧了，还提出可以把剩下的六本卖给国王，但价格与头一天一样。国王觉得又好气又好笑，这回把她赶了出去。

就在同一天，塔克文去探访神庙里的占卜师，也向他说起了这个老妇人和书的事。占卜师郑重地告诉他，那是一个女先知，她的书无疑包含关于罗马的重要预言。

女先知是自称能预知未来的女人。很多国家都有女先知，但她们中最有名的是库迈城的先知，那是一个意大利南方小城。

塔克文此时非常后悔当时没有买下那些书，盼望那个妇人会再来。第二天，她果然来了，但手上的书从六本变成了三本，其中的三本又给烧了。国王见到她非常高兴，买下了剩下的三本书，不过价格跟她九本书的要价一样。在此之后，女先知就消失了，再也没有出现。

罗马人平时看的书跟女先知的书有所不同。那时还没有印刷术，书都是用芦苇笔写下来的，纸则是用纸莎草（papyrus）做的，而纸的名字（paper）也是由此而来。做书之前，先要把纸裁成片或页，在上面书写上字之后，把这些纸页用糨糊粘住，直到一本书全部粘在一起。然后把这个长条卷成圆柱形的册子，因此也叫作卷（volume），从拉丁语（volumen）而来，意为卷筒。当你

古罗马书籍

看书的时候，要用双手拿着，一只手展开，一只手卷入。

　　女先知的书供奉在卡比托奈山的朱庇特神庙中，由两名官员奉命看守。每当罗马人要发生战争，或遇到非常大的困难的时候，就会向此书求教。他们求救的过程是这样的：由一位官员打开存书的石箱子，拿出第一卷羊皮书，放在手上。然后把上面希腊语翻译成拉丁文。有时句子的真正含义难以述说，所以经常靠猜。一旦他们理出头绪，就说这是女先知的预言，也就会很快可以得到认同。

第五章　朱尼厄斯·布鲁图斯

一

高傲者塔克文有一个外甥，名叫朱尼厄斯·布鲁图斯。他看上去像个傻子，但实际上非常聪明。他的兄弟是被国王杀害的，他害怕遭到同样的命运，于是装疯卖傻，经常说些傻话，做些傻事。塔克文因此就没有为难他，反而还很可怜他。

有一次，塔克文的两个儿子带着布鲁图斯去拜访一个有名的算命师。小伙子们问了几个问题，其中一个是："塔克文之后，罗马由谁统治？"

算命师回答道："年轻人，你们之中无论哪一个，谁先亲了你们的母亲，谁就可以成为下一个罗马统治者。"国王的两个儿子立刻动身回家，迫不及待地去亲自己的母亲。不过布鲁图斯觉得算命者的话另有一层意思。于是在他们离开算命师之后，他假装绊了一下，脸朝下栽在了地上，然后往地上亲了一下，说："大地是我们所有人的真正母亲。"就这样，我们将会看到，布鲁图斯成为下一任罗马统治者。

二

塔克文的长子叫塞克斯图斯，是一个浪荡公子。他深深地伤害了一个美丽的女人，她叫卢克丽霞，是他表兄柯拉汀的妻子。当时，她把塞克斯图斯对她所做的各种恶行告诉了她的丈夫、父亲，还有布鲁图斯。说完后，她把一把匕首插入了自己的胸膛，倒地而亡。她丈夫和父亲吓坏了，布鲁图斯把匕首从她流血的身体上拔了下来，高高举起，对他们说：

"我在神前发誓，一定要为受冤的卢克丽霞报仇。塔克文家中的任何人都不能继任国王，罗马以后也不会再有国王。"

卢克丽霞之死

他们和布鲁图斯一起发誓要为卢克丽霞报仇，并且不允许罗马再有国王。接着他们抱起她的尸体带到了集会广场。在那里，他们向人们展示这一幕惨象，大家看到后都惊恐不已。布鲁图斯一改以前愚钝单纯的样子，而是昂首挺胸站在那里，两眼炯炯有神，向人群发表了一篇慷慨激扬、触动人心的演讲。

"看吧，看看塔克文家干的伤天害理的事吧，"他用手指着死去的卢克丽霞大喊道，"让我们从他们残暴的统治中解放出来。打倒暴君，罗马不需要国王。"

人们被他的演讲激怒了，一起喊着口号，在广场上空久久回响。

"打倒塔克文！打倒塔克文！废除国王！废除国王！"

于是，他们下定决心要剥夺塔克文的国王权力，把他和他的家族驱逐出境。他们还决定采用塞尔维乌斯·图利乌斯时期创建的好的律法，再在市民中选举两人管理国家事务，代替国王职权。选出的两人称为执政官，交替管理，一个人做完一个月，再由另外一个做下一个月，如此循环，执政十二个月。到了年底，再选两人成为新的执政官。事情发生的时候，国王塔克文正带着军队在军营中，离罗马有一段距离。当起义的消息一传到他的耳朵里，他立刻快马扬鞭赶到城外。当他到达城门前，发现城门紧闭，不让他进去。于是他不耐烦地要求守卫确认他是国王，放他进去，但一个罗马官员出现在城墙上，宣读了驱逐他的判决。没办法，塔克文只好打马而去，而罗马也从此摆脱了他（公元前510年）。

三

就这样，人们选出朱尼厄斯·布鲁图斯和卢克丽霞的丈夫卢修斯·柯拉汀为第一任执政官。但是不久后柯拉汀辞职了，因为他自己也是塔克文家族的一员。于是又选出普布里乌斯·瓦列里乌斯代替他。

塔克文这时派遣使者索取他的家庭用品和其他一些罗马城内属于他的东西。信使进城后，与一些贵族青年密会，暗中策划帮塔克文夺回王位。

贵族青年们发誓要摧毁现有的共和体制，迎回旧王，因为他们不喜欢平民政府。但正当他们筹划的时候，一个机智的奴隶听到了他们的讲话。这个奴隶就到布鲁图斯那里告密。参与这起事件的人都被逮捕，并投入了监狱。布鲁图斯的两个儿子提图斯和提比略也参与了其中。

当布鲁图斯得知他自己的孩子是叛徒的时候，克制不住自己的悲痛。几天来，他把自己关在家中，不与任何人见面。但当审判的日子来临的时候，他作为法官还是坚定地执行了职责。在罗马，执政官既是法官也是统治者。提图斯和提比略与其他人一起被证实犯了叛国罪，但是布鲁图斯判处他们先受鞭刑，然后再砍头。他甚至目睹了行刑的全过程。据传说，当时他坐在椅子上一动不动，眼睁睁地看着儿子被处死。惩治叛徒是他的职责，不能因为是自己的骨肉就网开一面。

布鲁图斯处死二子

布鲁图斯失去儿子以后，变得迟钝、悲哀，看上去了无生趣。塔克文这时得到了伊特鲁里亚两个城市的帮助，试图夺回罗马。布鲁图斯带领罗马人来到战场，与前国王展开了战斗。在战斗的开始阶段，塔克文的一个儿子气势汹汹地冲向他，想要结果布鲁图斯的性命。布鲁图斯看到后，策马扬鞭与他来战。两马相交之际，两人挺长枪一刺，结果都穿心而过，双双毙命。

布鲁图斯的死激怒了罗马人，他们进行了勇猛的战斗，直到天黑了下来。之后，双方各自回营，未分胜负。但到了半夜，伊特鲁里亚人营地的树林里传来了一个响亮的声音，它这样说道：

"伊特鲁里亚人会比罗马方面多死一个人，罗马会在这场战争中胜利。"

伊特鲁里亚人相信这是神王朱庇特的声音，因此感到非常害怕，于是收起营帐，班师回朝。

第六章　贺雷修斯

之后，罗马一度由普布里乌斯·瓦列里乌斯统治。他是一个好人，制定法律都从人民的利益出发，因此人们称他为普布里可拉，意为人民之友。他不时还要跟塔克文作战，废王一直试图攻克罗马，夺回王位。他向各国寻求援助，频频发动战争，但他的野心从未成功。伊特鲁里亚城邦克卢西乌姆有一个国王拉斯·波希纳也一度援助过他，聚集大批军队来攻打罗马。

但波希纳要想破城，必须要穿过台伯河，而台伯河只有一座桥，叫作苏布里申（Sublician），从拉丁语（sublicoe）而来，意为桥梁。罗马人一看到远处有伊特鲁里亚人的大军，显得很惊慌，他们没有准备好与这样强大的军队进行正面作战。执政官苦思冥想，认为唯一解救罗马的办法就是把河上的桥砍断。于是，一批人马上带着斧头和铁锤来到河边。

不过，事情进行得并不那么顺利，因为桥造得非常结实。在支撑桥梁的柱子被完全砍断之前，前方突然尘土飞扬，大军滚滚而来，马上就到了桥边。怎么办？还有几分钟就可以完工了，只要桥的前方有人阻挡伊特鲁里亚几分钟，罗马就得救了。但怎么阻挡，谁去阻挡呢？突然从士兵中走出一名勇士，名叫贺雷修斯·柯勒斯，对执政官大喊道：

"给我两个助手，我会守住另一端，阻止敌人过桥。"

另外两名勇士斯普利乌斯·拉提乌斯和提都斯·贺米尼乌斯立刻站了出来。于是三人急忙赶到桥的另一端，做好了阻挡大军前进的准备。

伊特鲁里亚看见只有三个人出来迎战，军中立刻响起了一片嘲笑声。三人想阻挡几千人的大军？真是可笑啊。但是，三个勇士站在桥的入口，神情坚毅、毫无惧色。这时，三个勇猛善战的伊特鲁里亚人也从军中快速走了出来，要与三个罗马人一战。一

贺雷修斯守卫苏布里申大桥

阵激烈的搏斗之后，三个伊特鲁里亚人战败被杀。接着又出来三个，继续战斗，但还是被贺雷修斯和他的同伴击败了。

　　但此时大桥开始摇摇欲坠，贺雷修斯觉得它马上要倒了，于是喊斯普利乌斯和提都斯先跑回桥的另一端。当他们往回跑的时候，他自己一个人面对蜂拥而来的伊特鲁里亚大军，真是以一敌万。一支又一支的标枪向他飞来，但他巧妙地用他的盾牌挡了下来。

　　正当伊特鲁里亚人赶上他的时候，最后一个桥梁也断了，大桥轰然倒塌。当桥倒塌的瞬间，贺雷修斯也跳入了水中，感谢诸神保佑，他安全地游回了对岸。罗马人高兴地热烈欢呼，把他拉上了岸，甚至伊特鲁里亚人也不禁为他的勇气喝彩。

　　三位罗马勇士理所当然获得了嘉奖。一座漂亮的贺雷修斯的雕像在城中的一个广场上竖了起来。雕像的底部有一个黄铜碑，上面镌刻记录了这一英雄事迹。元老会也给贺雷修斯大量土地，是他一天能耕完的最大的范围。

第七章 "左撇子"穆奇乌斯

但波希纳和他的军队仍旧驻扎在河的对岸，他认为只要不让外面的粮食运入城中，就可以迫使居民投降。于是他控制船只让它们停在台伯河边，并将试图往罗马运粮的船舶扣押或者赶走。

这时，城里出现了一个勇敢的年轻人，叫作凯厄斯·穆奇乌斯。他想出了一个拯救这座城市的办法，就是大胆地混入敌方军营，直接杀了拉斯·波希纳。于是他就在上衣中暗藏利刃，潜过河去，混入了伊特鲁里亚军营中，然后再想办法找到国王的营帐。

这一天刚好是军队发军饷的日子，士兵们都在忙着领钱。有一个大臣坐在国王旁边，穿得也跟国王非常像，正在那里发表训话，发布命令。穆奇乌斯误以为他就是波希纳，冲上前去，一刀把他刺死。可惜这个鲁莽的罗马人立刻被旁边的卫兵给抓住了。他听到士兵们呼喊大臣被杀了，才知道犯了个大错。

波希纳看到大臣被杀，立刻震怒，对着穆奇乌斯大吼一声，命他讲出他是谁，为什么这么做。穆奇乌斯毫不畏惧，坦然道：

"我是罗马人，来这里是杀你的，因为你是我们的敌人。虽说失败了，但在我之后，还会有人来，直到成功为止。你一生都会在危险中度过，你虽不情愿，最终也会死在我们手里。”

听到这些，波希纳肺都气炸了，从座位上跳了起来，威胁道，如果不把接下来刺杀他的人说出来，就把他烧死。但穆奇乌斯并没有被吓倒，对他的威胁毫不在乎，然后把右手快速伸进旁边点燃的熊熊火焰中，一点也没有抽回来的意思，并对着国王大喊道：

“看吧，我们为了保卫自己的国家，根本就不在乎疼痛。”

波希纳被眼前的一幕惊呆了，非常赞赏他的勇气和爱国之心，于是下令卫士把他放了。这时穆奇乌斯对国王说：“为了报答你的仁慈，我现在自愿告诉你。虽然你刚才威胁要惩罚我，但我没有说出这个秘密。知道吗， 300 个罗马人发誓一定要杀了你，会

穆奇乌斯焚手

按顺序一个一个来。我是第一个抽到签的，虽然失败了，但是暗杀还是会一次一次地进行，直到有人成功。"

国王波希纳听到这些，也很害怕，马上想与罗马休战。因此立刻派遣使者到元老院，签订了和平条款。元老院为了奖赏穆奇乌斯，把台伯河边的大片土地给了他。这块地以后被称为穆奇乌斯牧场。穆奇乌斯自己被封为"Scævola"，拉丁文中的意思"左撇子"。他的右手在火中被烧伤已经不能使用了。

第八章　科里奥兰纳斯

一

在塔克文被放逐之后不久，出现了一个伟大的罗马人凯厄斯·穆奇乌斯。他出身于贵族家庭，从小就以勇敢著称。

在他的一生中，爆发一次罗马人与沃尔西人的战争，沃尔西人是拉丁地区的一族。罗马人向沃尔西人的都城科利奥里发动一次进攻，被打败后撤了回来。凯厄斯·穆奇乌斯责骂士兵临阵脱逃。他的话使士兵们很惭愧，于是他们重回战斗。凯厄斯冲在最前面，把沃尔西人打得逃回了城中。凯厄斯追着敌人直到城门口，看见城门半掩，就对士卒大喊一声：

"城门就是为我们开的，不用害怕，冲啊！"

凯厄斯一跃而入，把城门完全打开，士兵们鱼贯而入。一场短暂的战斗之后，他们攻克了城池。

这时，每个人都说是凯厄斯拿下了科利奥里，而且应该以夺取的城池为他命名。于是，之后他就被称为科里奥兰纳斯。

二

但是，虽然说科里奥兰纳斯是一个勇敢的战士，而且时刻准备去战斗，可他有些品质并不是很好。他平时非常蔑视百姓，常和那些欺压百姓的人为伍。

就在拿下科利奥里前不久，贵族和百姓之间发生了一场严重的冲突。许多百姓平时靠种田度日，但是，一有战争，强壮的男人都必须入伍。而罗马长期处于战争状态，男人也就基本远离了农田。因此，在外出打仗的时候，他们被迫频繁地借钱来维持家用，因为那时罗马士兵没有固定的军饷。

这时，那些放贷的有钱的贵族，如果没有及时收回贷款，就可以把借款人打入监狱，或者把他们的妻儿卖作奴隶。

这样，老百姓经常苦不堪言。最终，很多人下决心离开罗马，在意大利的其他地方安顿下来。贵族老爷当然不希望看到这种情况，因为如果平民离开了，军队数量就会不足。于是元老院经过深思熟虑以后，建议百姓们选一个自己的官员，叫作护民官，对不喜欢的法律有否决权，可以阻止法律通过。单词veto，拉丁文中表示阻止的意思。现在美国总统和各州州长在一定限制条件下，对不赞同的法律可以阻止其通过。这就称为否决权。

百姓们对这个建议非常满意，准备选护民官。于是他们回到罗马，一时间，与贵族们倒也相安无事。

但是科里奥兰纳斯和贵族们不接受选护民官的建议，原因是他们认为这给了平民太多的权力。一次，罗马发生了饥荒，穷人缺少粮食，度日如年。西西里岛上的希腊人装了几船谷物运往罗马以缓解灾情。粮食运到以后，元老院打算分发给需要的人，但是科里奥兰纳斯却出来阻止。

"不不，"他说，"如果人们想要粮食就要放弃护民官，两者只能选择一个。"

人们听到这样的言论，怒不可遏，他们打算杀了科里奥兰纳斯。要不是有护民官明智的建议，他们就真的这么做了。

"不不，"护民官说，"你们不能杀他，这样做违反法律。但是你们可以以叛国罪审判他，我们可以成为他的原告。"

科里奥兰纳斯接到命令要他出席公民大会接受审判，因为人们有权对叛国罪在公民大会上举行公审。但是科里担心公民大会对他不利，于是悄悄逃离城市，家也不顾了，来到了沃尔西镇。

沃尔西镇长用友好的方式欢迎他。科里奥兰纳斯这时才告诉他离开罗马的原因。沃尔西镇长听了很高兴。他早就有攻打罗马的打算，但就是不敢发动进攻。不过，有了科里奥兰纳斯这样的勇士，何愁不能攻克罗马？于是，他发动一支大军，由这个杰出的罗马人统率。

三

科里奥兰纳斯带领的沃尔西军攻克了许多属于罗马共和国的城市。最后，科里奥兰纳斯决定攻打罗马城，驱赶大军朝它而来。罗马人那时并没有做好战斗准备，因此元老院向科里奥兰纳斯派遣使者请求他放过他的故乡，签订和平条约。

5个使者是从顶层贵族里选出来的，他们马不停蹄前往沃尔西军营。科里奥兰纳斯热忱地接待了他们，因为原本他们就是朋友。但他说他不会放过罗马，除非罗马能把原先从沃尔西那里夺走的土地和城市都物归原主。

对于这个，元老院不同意，沃尔西也不同意其他条款。罗马只好准备一战，虽然他们非常害怕被打败。

但是正当男人们害怕犹豫的时候，罗马女人拯救了这个城市。一个贵族女人瓦莱里亚进谏，说科里奥兰纳斯深深地爱着他的母亲。

"也许，"她说，"他会听他母亲的，尽管他听不进别人的。"

就这样，瓦莱里亚和一大群贵族妇女来到科里奥兰纳斯母亲维多利亚家里，并对她讲：

"众神主让我们前来请你跟我们一起参与拯救这个国家，不要让它毁灭。走吧，我们一起去你儿子的军营，向他恳求，让他发发慈悲吧。"

年迈的母亲立刻同意一起去，于是马上准备妥当，由一些妇

向科里奥兰纳斯求情

女陪着，带着儿媳妇和孙子孙女向沃尔西人的军营出发。这景象很奇特，一队穿着丧服的罗马妇女，向前进发。当她们经过时，沃尔西士兵也显示出敬意。

那时科里奥兰纳斯在沃尔西军营中，由一些官员陪着坐在帐篷前，妇女队伍就出现了。"那些女人是谁？"他问。不等众人回答，他已经看出这其中有他的母亲、老婆和孩子。于是他站了起来，快速跑向他们。众人跪倒在他脚下，乞求他放过他的家乡父老。

科里奥兰纳斯看似触到了痛处。他没有回答，但低下了头，把手按在胸口，注视着跪在脚下的亲人。这时他母亲说：

"如果我没有儿子，罗马就不会陷入危难之中。我已经太老了，不能承受你的羞耻和我的不幸。看看你的老婆孩子，如果你继续一意孤行，就会使他们陷入葬身之地。"

科里奥兰纳斯悲痛不已，几分钟都说不出话来。最后他哭了：

"哦，母亲，你这是干什么啊。你虽然拯救了罗马，但你毁了你的儿子。"

这时，他抱住了母亲，悲哀地看了她一会儿。又抱住了妻子，亲了亲妻子和孩子，告诉他们先回罗马，因为那里对他们相对安全。此时妇女们回到城中，科里奥兰纳斯带着沃尔西军队退兵了。罗马得到了拯救。

科里奥兰纳斯的余生与沃尔西人一起度过，但他再也没有对他的家乡发动战争。据猜测他死于公元前5世纪中叶。

第九章　费边兄弟

　　大约在科里奥兰纳斯时代，罗马有一个有权有势的家族叫作费边家族。而家族中占领导和首要位置的分别是昆图斯·费边、马库斯·费边和卡索·费边。

　　在那个年代，罗马贵族非常有钱，权力也很大。他们占据了政府里所有重要职位，但对百姓的福祉却漠不关心，而且经常对他们非常严苛。

　　费边家族对平民就非常苛刻。一次，昆图斯·费边在一次战斗中击败了沃尔西人，他把所有从敌人那里缴获的有价值的东西都卖了，并把钱上交了国库。这些东西是战利品，通常罗马将领是将战利品分给士卒的，这也是那个年代向士兵支付军饷的方式。但昆图斯·费边没有分发战利品，这样士兵们对他非常不满。

　　不过，过了一段时间之后，马库斯·费边被选为执政官，一次与伊特鲁里亚的维爱人大战，他包揽了穷苦伤兵的费用，用自己的钱满足所有他们需要的物资。

　　第二年，他的兄弟卡索·费边成了执政官，卡索·费边努力向元老院争取把从维爱人和其他被罗马打败的人手里夺取的土地分给贫穷的市民。久而久之，费边在元老院的声音就是为平民争取正义的呼声。因此百姓很快一改往日的憎恨，爱上了费边家族。

费边家族站在平民一边，贵族们因此非常愤怒，威胁他们要全力以赴与他们对着干。此时，费边家清楚地意识到试图与贵族对抗是没有用的，因为贵族们势力太强大，可以在罗马为所欲为。因此，费边家认为从城里搬出去，另外找一个地方安家会比较好。于是，他们决定付诸行动，在离罗马几公里的克莱米拉河岸选了一块地方。

与此同时，罗马与维爱人又发生了战争。这些人住在位于克莱米拉河边上的维爱城。有一天，罗马元老院正在讨论这次战争，卡索·费边说：

费边勇敢地与维爱人进行战斗

"如各位所知，我们费边家族要离开罗马前往维爱人的边境定居。如果你们同意授权，我们就会与这些人开战并打败他们，这既是为了罗马的荣誉也是为了我们家族的荣耀。而且我们既不向元老院要钱也不要人。战争所需的人和经费都由我们自己出。"

元老们非常高兴有机会摆脱费边家族，因此立刻给了他们所要求的授权。费边家这时候开始为离开做准备。一共有300多名男人，还有妇女、孩子和奴仆，所有人准备停当，由卡索·费边带头浩浩荡荡走出罗马，前往他们的新家。

起初，费边家族只是在克莱米拉河边搭了一个营地，但是之后他们建起一座小型城市，还有一个坚固的堡垒。许多罗马士兵也来到这里，加入了他们，很快形成了一支热心、忠诚的队伍。

维爱人很快被征服了。费边家族和手下勇猛的战士在几场战役中打败了他们，最后维爱人受够了战争，下了决心，回到他们自己的城市——维爱，并且沉寂了很长一段时间。但是他们声称无论何时，只要找到机会，就一定要消灭费边家族。

那时费边家族有一个旧的习俗，就是在每年的某个日子里进行专门的拜神活动。那天一大清早，家族中所有男人都会一齐去罗马附近山上的著名神庙做几个小时的礼拜。男人们没有携带武器，因为他们认为全副武装去参加宗教祭祀活动是不适合的。

维爱人听说费边家族要进行一年一度的礼拜，看到了报仇机会。于是他们决心在下次费边家族去庙里祭祀的时候，把他们全部杀光。那一日，费边家族又像往常一样出发了。在去神庙的途中，有一条路，路两边岩石陡峭、高耸。其实那里已经埋伏了大批维爱士兵。费边家族始料未及，经过这段路的时候被首尾夹击，没有武器，他们施展不了手脚。虽然尽力而为，但没有什么用。最后他们全部被杀，只剩下一人跑回了罗马。这样，卑鄙懦弱的维爱人终于报了仇。

第十章　辛辛纳图斯

一

拉丁东边的山上住了一个非常野蛮的民族，叫作埃魁人，他们经常与罗马发生战争。有一段时间，双方相安无事，也没有挑衅行为，突然，这些人开始抢夺罗马的良田。此事发生在大约公元前450年，离维爱人消灭费边家族不久。当罗马元老院听到埃魁人的所作所为后，派遣使者向埃魁王抱怨这种不义的行为。使者在营中见到了国王，看他坐在一棵巨大的橡树旁边。但当他们跟他说话的时候，他的回答非常傲慢粗鲁，说：

"我很忙，还有其他的事要做。去，有什么事向那边的橡树说！"

这下让使者非常气愤，其中一个说道：

"我们会向橡树说的，不过我们也会向众神诉说，召唤他们见证你是如何破坏和平的。而且当我们来惩罚你和你的人民对我们犯下的罪行时候，众神会站在我们一边。"

据说接下来愤怒的使者向橡树和周围所有的树木诉说了使命，对于这种侮辱罗马的行为，也勇敢地大声予以宣战。

此后，使者回到罗马，告诉元老院他们是如何被埃魁王侮辱的。元老院立刻向埃魁人宣战，并命令执政官米努修斯带领军队对抗他们。

起初，罗马人赢得了几场胜利。接着，埃魁人开始撤退，好像无心恋战的样子。罗马快速跟进，直到他们被引入了一条狭窄的山谷，两边是怪石嶙峋的山峦。罗马人没想到这是个陷阱，直到从入口走进老远才发现。

埃魁王这时就用结实的工事把山谷封锁了起来，并把军队布置在入口和山上，这样一来罗马人就出不来了。

山谷中草木稀少，不足以喂马，更没东西给人吃。在这种情况下，如果罗马人不被救出来，过不了多久就会被饿死。

二

但幸运的是，在埃魁人封锁山谷之前，有些罗马骑兵已经从山谷中设法逃了出来。这些骑兵以最快的速度跑回罗马，报告元老院米努修斯和他的军队的现状。该怎么办呢？起初，没有人知道，但经过一番商量后，一个元老说：

"让我们选卢修斯·昆克蒂乌斯为独裁官吧。他是唯一能救我们的人。"

　　元老院达成了一致意见，于是卢修斯·昆克蒂乌斯被选为独裁官。独裁官的权力比法老院和执政官还要大，他所有的命令都必须被执行，就跟国王一样。但是不能长期担任独裁官，只有国家处于危难之际，才能任命独裁官，而且任职时间不能超过六个月。

　　卢修斯·昆克蒂乌斯从属于贵族阶层，是一个伟大的军事家，而且战功赫赫。他还有一头漂亮飘逸的卷发，于是人们叫他辛辛纳图斯，意为卷发。历史上，他也因此得名，流传千古。

　　辛辛纳图斯被任命为独裁官时，他还住在罗马城外的一个农庄里，并亲自在田里劳作。当使者从元老院来向他报信，告诉他被选为独裁官时，他正在自己的田里犁地。听到消息后，他放下犁，马上赶往罗马，一到那里，便受到了全体人民的热烈欢迎。

　　当务之急，他重新了组织一支军队。他下令所有适龄青年都必须带上武器，做好准备，紧急行军几小时，去解救米努修斯和他的部队。

　　天黑之前，辛辛纳图斯和部队走出城外，向罗马人被困的阿尔巴山脉进军。第二天一早，他们到达那里，绕山排成一队。埃魁人发现自己被两支罗马军队——米努修斯和辛辛纳图斯的军队给包围了。他们只好放手一搏了，但是不久就被制服了，如此一来只好向罗马人指挥官求情，放他们一条生路。

　　辛辛纳图斯释放了他们，但要求他们过轭门。轭门是这样的，先拿两支长矛钉在地上，顶上再横扎一支长矛，类似球门一样。

辛辛纳图斯让埃魁人放下武器从下面经过，每个人都要走过轭门。因为矛不是很长，最上面的那支离地也就几英尺，所以要经过轭门必须要低下头。轭门设于两队罗马军兵之间，当埃魁人经过时，罗马人一边笑一边奚落他们。

对一个战士来说，被迫通过轭门是最大的侮辱，甚至比死还难受。这个事件也给英语引入了一个新词（subjugate），意思是制服或征服，从拉丁词汇（sub）下面和（jugum）轭，引申而来。

当执政官米努修斯的士兵从山谷中出来后，他们兴奋地大喊大叫，围绕在辛辛纳图斯周围把他当成了他们的救星和保护神。"让我们给辛辛纳图斯戴上金冠吧！"他们大喊。但是伟大的将军笑了笑，摇了摇头，下令启程回国。

当胜利的消息传回罗马，罗马人无比喜悦。元老院下令全民放假，在城里举行游行活动。就这样，当胜利的队伍进入罗马时，耳边到处是人们的叫喊声和欢呼声。

辛辛纳图斯坐在豪华战车里，由六匹黑色的骏马拉着。他身

过轭门

穿独裁官的制服，头戴月桂花环。在战车的后面跟着埃魁王和他手下的将领，看上去垂头丧气、孤立无助的样子。他们后面跟着奴隶，他们背负着从敌人那里缴获来的各种武器和其他值钱的战利品。在号角和喇叭愉快的伴奏声中，游行队伍穿过了整个城市。一大群人跟在辛辛纳图斯的战车后面，欢呼雀跃、大声呼喊："向独裁官致敬！向胜利者致敬！"鲜花像雨一样落到他的身上，战车前面也扔满了鲜花。

　　过了几天之后，辛辛纳图斯放弃了独裁官职位，又回他的小农庄去了。

第十一章　卡米勒斯

一

　　大约公元前 380 年，罗马人与维爱人又发生另一次战争。在这场战争中，他们想占领富庶的维爱城，它离罗马大约 12 公里。但是城池周围有一道巨大的石墙，而且大门也是用黄铜制造的，又高又结实。因此罗马人虽然花了七年时间做了最大努力，但还是没有攻下维爱城。

　　而且更加糟糕的是，据报伊特鲁里亚的十二座城市也会出兵帮助维爱人。还听说如果十二支军队把罗马人从维爱城赶走，他们会继续前进，摧毁整个罗马。

　　罗马人对这些传闻感到惊慌失措，他们决定选一个独裁官。就这样，元老院任命了一个新的独裁官，新任命的独裁官名叫马库斯·弗里乌斯·卡米勒斯。卡米勒斯是罗马历史上最伟大的人物之一。他出生于一个非常富有且有权势的家庭，而且自身也是一个伟大的军事家。当他当上独裁官后，立刻召集了一支大军向维爱城进发。他花了很长时间，来尝试打破城墙或者城门，但都没有成功。于是，他想到一计，就是在城墙下面挖一条地道。

　　这个主意看上去不错，于是卡米勒斯派出大部分士兵来挖地道。不久，就在城墙下面挖出了一条通道。到目前为止，他们认为已经挖到朱诺的神庙那么远了。神庙在堡垒中，是维爱守护最严密的地方。至此，他们停下来考虑下一步怎么走。突然，一阵响声传到了他们耳朵里，好像有人在头上的神庙里说话。于是，他们把卡米勒斯叫了过来，到了以后，他仔细倾听着上面的声音。此时此刻，刚好遇到维爱国王在庙中准备供奉一头公牛当作祭品献给朱诺，并向女神祈祷，保佑这座城市不被罗马人攻占。之后他们杀了公牛，准备要把死牛放上祭台。等国王祷告完毕后，其中一个祭司假装从朱诺那里得到了答案，大喊：

　　"女神宣称她会把胜利赐予在祭台上供奉祭品的人。"

　　卡米勒斯一直在下面听着，当他一听到祭司说出这些话的时候，他命令手下的士兵在头顶的土层上打开一个出口。很快，一个洞被打了开来，罗马人跳了上来，冲进参拜的人群中。接着他们马上争夺公牛的尸体，卡米勒斯亲自把它放上了祭台上，向朱诺进贡。然后趁着又惊又恐的维爱人还没反应过来，他和他的同伴就冲出了神庙，打开了城门。

　　当城门一打开，成千上万的罗马士兵蜂拥而入。维爱人虽勉力抵抗，但很快就战败了，就这样，他们伟大而且富庶的城市最后落入了罗马人手中。

在那个时代，就像上文提到过的那样，把从敌人那里缴获来的值钱东西分给得胜的士兵是一个惯例。维爱城如此富有，因此，罗马士兵分到很多珍贵的东西，像金银珠宝之类的，每个分到的人都因此变得非常富有。

二

在占领维爱城之后一段时间，罗马人又与法勒里人开战了，那是另一个伊特鲁里亚民族。卡米勒斯率军包围了他们的主城法勒里。他在城墙前面安营，将兵士驻守在周围，想方设法攻下城池。但是法勒里人非常强壮勇猛，将城池守得密不透风，卡米勒斯开始担心他没有能力攻下它。

那时在法勒里城有个男教师，他负责教育这个城镇主管的儿子。这个男教师每天都带孩子出城散步。有一天，他领着他们进了罗马军队之中，并把他们带到卡米勒斯的营帐之中。

卡米勒斯看到孩子非常惊讶。他问男教师他们是谁，为什么他要带他们到这里来。男教师道出孩子的来历，接着说：

卡米勒斯

"我带他们来这里，把他们交给你们。这么做，我是来献城的，因为他们的父亲会为了救孩子而开城投降的。"

卡米勒斯站在那里沉默了一会儿，非常厌恶地注视着这个叛徒。然后，他生气地大喊：

"恶贼，我们罗马人不像你这么卑鄙下贱。我们不会向孩子发动战争，只会向对我们犯下罪行的大人宣战。"

接着，他又命令几个士兵将男教师的手反绑了，并给了小孩子们每人一根棍子，告诉在他们进城的时候要鞭打叛徒。孩子们打心眼里也想这么做，他们鞭打驱赶着这个卑鄙的教师进入法勒里城。当人们看到这一幕，又听说了卡米勒斯的高尚行为，他们决心不再与这么好的人为敌了，于是派遣大使向罗马求和，而罗马人和法勒里也从此成了好朋友。

三

此后不久，一个执政官控告卡米勒斯在夺取维爱城后得到的战利品比他应得的要多，有些值钱的东西在他家的显眼处摆着，据说那不是从他分配的那份中得来的。因此有人相信，那是他在维爱城中暗中贪污的。

罗马人对这一点非常敏感。他们有严厉的法律针对战争中战利品的分配，每个人都要按等级分配，不允许任何人多分。

卡米勒斯被传唤出席法庭来应诉针对他的控告。但是，他在出席审判时对百姓表现傲慢。他希望可以永远离开罗马。就这样，伟大的卡米勒斯离开了他的家乡，打算永不再回。当他经过城门时，他向众神祈祷让罗马发生一些可怕的事吧，这样他们就会被迫召他回来拯救这座城市。

很快，罗马真的发生了一些事，这迫使罗马人向卡米勒斯求救。长期以来，有一个叫高卢的民族在意大利的许多地方做了很多祸害百姓的事。这些人来自现在叫法国的地方，在古代叫高卢。他们穿过阿尔卑斯山向前进发，然后在意大利北部定居下来。他们就在这个区域住了多年。此后，他们听说遥远的南方国家非常美丽，到处是粮食和牛群，因此，大批人马开始向南方挺进，意图征服它。

他们是奇怪而野蛮的民族，跟罗马人和伊特鲁里亚人不同。他们非常高也非常强壮，有一头乌黑蓬松的头发，狰狞凶恶的脸，可以说他们的出现对意大利人来说是一件非常可怕的事情。在战斗中他们尽显野蛮的本性。当他们气势汹汹地冲向他们敌人的时候，还声嘶力竭地叫嚷着，无数的刀剑在手中挥舞，战斗的号角震天动地。

当时高卢人的首领或者国王叫布雷努斯。他是一个孔武有力、高大伟岸的男人，脖子上戴着一个金项圈，双臂赤裸着，有时会戴一个金手镯。

高卢人非常喜欢南方的土地。他们抢掠农田，袭击伊特鲁里亚人的城市，之后，过不多久又向罗马进发。罗马大军出城迎战，两支军队在阿利亚河边相遇了。

罗马士兵从来没有见过可怕的高卢人。因此，当高大、凶猛的野蛮人浩浩荡荡地穿过平原，同时还发出狂野的吼叫声，还吹着响亮的号角，他们被彻底吓蒙了。即使罗马大将马库斯·曼利乌斯让他们勇敢地前进去迎击高卢人，他们也都不听使唤。他们打得很糟糕，损失了几千人。最后从战场上跑了，逃回了罗马。

四

当打败的士兵回到罗马，告诉人们之前发生的事，城里笼罩了一层恐怖的气氛。大多数人收拾细软逃到了附近山上的藏身处，在那里他们觉得没有高卢人来会安全一点。

但是，许多元老和勇敢的人，包括一些贵族和平民，没有逃跑而是跑到了山上的朱庇特神殿，关紧大门，做好了持久战的准备。神殿是城中最神圣的地方，里面供奉着朱庇特、朱诺和密涅瓦的雕像，还有女预言家的三本书。

一些曾经当过执政官的老人决心留在城中，等高卢人来。他们认为如果高卢人杀了他们能挽救城市，他们也就满足了。于是一些充满爱国之心的老人穿上了最好的长袍，坐在广场的椅子上，每个人手上还拿着一根象牙权杖。

当高卢人进入城中，发现没有人阻拦他们。他们径直走到广场，看见了一些老人，长着白胡子，坐在椅子之上，看上去好像雕塑一般。一个高卢人向其中一个走去，拉了拉他的胡子看看是不是活人。那个老人立刻拿起手中的权杖在无礼的野蛮人脸上打了一下。然后高卢人把这些爱国者打倒在地，残忍地杀害了他们，接着又开始了抢掠。

　　在毁了城中大部分东西之后，他们把注意力转向了朱庇特神庙。它建在又高又陡的岩石上。

　　布雷努斯带领士卒向山上进发，但在神庙中的罗马人从狭窄的路上冲了下来，勇敢地阻击他们，几分钟后迫使他们退后。接着高卢人又发动了一次进攻，但并不比第一次更成功。

　　布雷努斯意识到无法把罗马人从神庙里赶走，于是他决定让他们饿着，直到他们被逼出来。他在入口布置了一支卫队，这样，罗马人就没法出来寻找食物。神庙就这样被围了好几个星期，但是它忠诚的守卫者英勇地保卫着它。同时，那些逃离罗马的人重新鼓起了勇气。他们聚集在维爱城，组织了一支强大的军队来迎战高卢人。但他们还需要一个司令官，然后就想到了卡米勒斯。所有人都同意他是将军的合适人选。于是他们决定去召唤他，但是

罗马人与高卢人

首先他们认为应该得到元老院的批准。这里就有个问题。因为高卢人围困着神庙，怎么才能派遣使者进去呢？这个问题困惑了他们好长时间，不过最后有一个叫庞蒂斯·康米纽斯的年轻人，自愿往神庙中送信。

就这样，在一个漆黑的夜晚，庞蒂斯离开维爱，偷偷地从台伯河里游过来，到达卡比托奈山附近。然后他登上岸，爬上山直到巨石边上。高卢人没有在那里设防，他们以为没有人可以爬上巨石，因为太陡了。

庞蒂斯想方设法爬了上去，有几次差点掉下来。但他死死地抓住长在岩石上的藤和灌木，最后终于爬到了顶上。神殿里的同胞看到他非常高兴。当他们听到维爱城中已经组建了军队，更是喜不自胜，元老们立刻批准了召回卡米勒斯的提议。而且不但批准了他成为统帅，还任命他为独裁官。然后康米纽斯爬下岩石，从原路下了山，急急忙忙赶回了维爱城。

五

第二天，一些高卢人在山边走过的时候，发现了泥土里的脚印。他们还注意到了长在高高的岩石上的灌木，有压过扯过的痕迹。然后他们立刻明白了有人从山下爬上来或从山上爬下来。于是他们决定他们自己晚上来爬一爬试试。

因此，入夜不久，当他们认为罗马人已经进入梦乡，一队高卢人开始小心地、轻轻地向陡峭的岩石上攀登。有些人把他们的盾牌扛在肩上，让别的人踩上去，用这个方法他们一级一级地支撑着，直到最后他们中的一些人接近了顶部，有一个刚好到神殿阳台的边缘。而楼里的人没有一个听见他们，甚至连看门狗也没有发现他们。

但就在那时，传来了响亮的鹅叫。这些家禽是女神朱诺的最爱。在神殿里养了许多，有一些刚好出现在高卢人爬上来的地方。虽然攀爬者动作很轻，但是还是扰乱了鹅群，它们开始大叫，拍打着翅膀。

嘈杂声惊醒了睡梦中的马库斯·曼利乌斯。他从他的床上跳了起来，抓起他的宝剑和盾牌，跑到了阳台。那里他看到高卢人正爬到矮墙上，其他人也紧跟而上。马库斯冲向他们，用他的盾牌狠狠地砸在他们脸上，使他们头冲下从山上摔了下去。

摔下去的高卢人又把后面爬上来的也砸了下去。群鹅还是在大声地发出呱呱的声音。很快，罗马人都被吵醒了，马上爬起来去援助马库斯。不断爬上来的高卢人被推倒了，几分钟后，所有爬上来人都被推

朱庇特神庙的鹅

了下去，摔下陡峭的山崖，死了。这样，神殿被鹅的叫声给拯救了。为了表彰马库斯当时的英勇行为，马库斯·曼利乌斯被尊称为马库斯·卡比托奈。

六

布雷努斯此时意识到他不能拿下神殿，再在罗马待下去也没什么意思，于是提出如果元老院能给他1000磅黄金，就会撤离。元老院认为这样也比较好。神殿里的食物也越来越少，再过几天，这些勇敢的战士也吃不到什么东西了。他们得不到维爱城里军队的最新消息，也不确定后援能不能及时到来。于是元老们决定给高卢人1000磅黄金，一个叫昆图斯·苏尔皮修的官员带着扈从受命把黄金交付给布雷努斯。但是这些黄金必须称过，高卢人想用假的砝码欺骗罗马人。当苏尔皮修埋怨这种行为时，布雷努斯解下佩剑、皮带，将所有东西都扔进了其中一个磅秤。苏尔皮修

被征服者的悲哀

当时问他这是什么意思，布雷努斯回答：

"被征服的人除了悲伤还能有什么？"

正在那时，卡米勒斯和大军出现在大门前。他很快知道发生了什么事，快速赶到了现场，命令扈从把金子从秤里拿出来，带回到罗马金库。然后他转向布雷努斯，坚定地向他说道：

"我们罗马人保护自己的国家用的不是金子而是武器。"

于是双方立刻展开了一场战斗，高卢人战败，接着被赶出了城市。第二天，在罗马几里外的地方又展开了一场战斗，高卢人又被打败，几千人被杀。

卡米勒斯这时带着他的胜利之师回到罗马。人们热烈欢呼，并以他的名义庆祝了几天几夜。他们叫他罗慕路斯第二，意思是他是罗马的第二创造者，也称他为"国父"。

七

在卡米勒斯时期，有一个巨大的地陷或者地缝，可能是地震形成的，突然间出现在广场中间的地面上。工匠奉命去填掉它，但不管往洞里倒了多少土，这个洞看上去跟以前一样大、一样深。元老们只好求教于占卜师。他们说这是填不满的，除非用罗马城中最珍贵的东西填进去才能填满。然后人们开始把金银珠宝投了进去，但地缝依然深不见底。最后，一个叫库尔提乌斯的年轻人说，罗马人最珍贵的东西是他们的武器与勇气。接着，他穿上盔甲，带上佩剑，爬上战马飞奔广场，然后纵身跃入巨洞之中。在他跳入之后，地缝立刻合了起来，但是他和他的马再也没有出现过。

在古老的罗马传说中，库尔提乌斯被称颂为爱国者和英雄。人们认为他救国于危难，他们相信如果广场中的地缝没有闭上，将会发生巨大的灾难。

第十二章　曼利乌斯·托尔夸图斯

马库斯·曼利乌斯，指挥罗马军队进行了埃利亚河战役，还在保卫朱庇特神庙与高卢人战斗中取得了胜利。他属于有名的曼利家族。这个家族给罗马共和国培养了很多英勇的将军。其中一个是提图斯·曼利乌斯。

围攻神庙之后，过了几年，高卢人回来与罗马再次发生了战争。有一场著名的搏斗发生在提图斯和一个高大威猛的高卢人之间。他们驻扎在阿涅内河的桥上，那是一条小河，离城几公里。罗马军队出发去河的另一边阻击他们，并在那里等待良机跟他们一战。

每天，一个巨大的高卢人，脖子上挂着一个项圈或者金链子，常常过桥来袭击罗马人，不时地叫嚣罗马人是害怕战斗的懦夫。一天，他又激罗马人有种派个人出来与他一战。曼利乌斯立刻接受了挑战，两个人在两军阵前开阔的地方挑好了位置。

高卢人又高又壮，罗马人在他面前像一个小孩。每个人都认为大个武士会轻松取得胜利。不过提图斯移动灵活快速。战斗开

始后他好几次避开对手的猛烈攻
击，然后突然跑近他，从他的巨
大的盾牌下面跳了起来，把他的
剑插进了他的胸膛。

项圈

高卢人倒在了地上，死了。
接着提图斯把死人身上的项圈摘
了下来戴在自己身上。所以，他
之后就被叫作曼利乌斯·托尔夸图斯（Torquatus），从拉丁词语
（torques）而来，意为缠绕的项圈。

曼利乌斯·托尔夸图斯成了执政官，但并不受到民众的爱戴，
因为他是一个严厉而且苛刻的统治者。在罗马人与拉丁人和南意
大利部落的战争中，曼利乌斯任罗马军的总司令。他率军前往维
苏威火山脚下，迎战聚集在那里的敌人。

当两军面对面地驻扎下来，曼利乌斯命令任何一个人都不能
与拉丁人作战，除非下发作战的指令。不久，一个拉丁官员骑马
在前，后面跟着一队战友，遇到了小曼利乌斯，就是执政官的儿
子。他们关于接下来的战争进行了争论，都吹嘘自己将士的勇猛。
最后，拉丁官员向年轻的罗马人提出了单挑。

他叫道："你想跟我较量较量？让你见识见识，罗马人与拉
丁骑兵的差距。"

曼利乌斯接受了挑战，与他立刻展开了搏斗，最后他成了获
胜者。他杀了拉丁人，根据那时的惯例，剥下他的盔甲带回了罗

马军营。然后，他去见他父亲，告诉他父亲他所做的事。

"父亲，"他说，"我给你看看这件盔甲，是我从敌人那里夺来的。我希望你能收下，这证明了我已经做好了准备，作为罗马战士我能尽到应尽的职责。"

托尔夸图斯悲哀地看着他的儿子，然后开口道：

"我的儿啊，你说你愿意履行一个士兵应尽的职责，但是士兵的第一职责就是服从命令。这个职责你没有完成，因为你刚刚违抗了你的指挥官也就是我的命令。你在没有接到命令的情况下，就与敌人进行私斗。你不能逃脱惩罚，因为你是我的儿子。"

然后转头对他的扈从说：

"去，把他绑到刑柱上，斩首示众。"

这个残酷的命令下来之后，军中响起了一阵愤恨的呼喊声。年轻的曼利乌斯扑倒在父亲的脚下，乞求宽恕。但是严厉的执政官从他身边走开，并命令扈从执行军令。就这样年轻的曼利乌斯被带到刑柱上，绑了起来，扈从一斧子下去，他的头就被砍了下来。

之后不久，两军展开了战斗，罗马取得了大胜。但是整个战争还是持续了一段时间。不过，最后以拉丁人的失败而告终。曼利乌斯占领了他们其中一座城镇——位于地

带喙的罗马战舰舰首

战斗中的罗马战舰

中海沿岸的安丁姆镇，并强迫当地的居民上交他们的船只。

那时候的战船和军舰都有一个尖锐的船头，这样做的目的既可以快速攻入，又可以从侧面破坏别的船只。船首是一道梁，上面系着尖锐的铁刺，还系着一个金属雕像，类似鸟或别的动物的嘴或头。这种嘴也叫作喙（rostrum）。

当罗马人夺取了安丁姆人的船只后，他们把鸟嘴拆下来，带回罗马。到了那里，作为一种装饰把它们绑在广场的演讲台上，那是演说家向人们发表演讲的地方。从此，喙这个词的意思引申出了为公众演讲所设的平台或讲坛，并且至今还在英语中使用。

第十三章　阿庇乌斯·克劳狄乌斯·凯库斯

一

高卢人战败后不久，在罗马城住着一个伟大的人物，他叫阿庇乌斯·克劳狄乌斯。他属于城中最显赫的家族。他当过两年的执政官，还当了多年的监察官（公元前 312-308）。

监察官是一个级别很高而且非常重要的职位。他不但是人口普查部门的负责人，而且还负责税收、市政建筑和道路建设。

阿庇乌斯·克劳狄乌斯是一个伟大战士。每个罗马公民都必须成为一个军人，并且每个成为执政官的人都必须有能力统率军队，指挥作战并赢取胜利。但是阿庇乌斯·克劳狄乌斯主要是以杰出的统筹和执行公共事务能力而闻名于罗马，那时罗马是一个拥有 30 万人口的城市。其中一项就是引水工作，要把水从八公里外的湖里引到城中。罗马的沟渠是当时世界上最先进的。其中一部分是 2000 多年前建造的，至今仍在使用。

但是，阿庇乌斯·克劳狄乌斯最伟大的一项工作是修了一条

120公里的路，把罗马和卡普亚城连了起来。为了纪念阿庇乌斯，这条路被命名为阿庇乌大道。因为修得太好了，它也被叫作"女王之路"。有一部分至今还存在。罗马人路和沟渠都修得

阿庇乌大道

很好，他们是当时世界上最好的道路建设者。

　　当他担任监察官的时候，阿庇乌斯·克劳狄乌斯对罗马的发展起了很大的促进作用。他被称为"和平工作中最伟大的国民"，甚至在他退休后，对公共事务也有很大影响力。无论平民和贵族，都会征求他的意见。

　　在罗马与希腊第一次战争期间，阿庇乌斯提的一个意见让罗马受益良多。在那个时代，许多希腊人定居在意大利南部。其中一个希腊小镇叫作他林敦，它靠近海边，有个非常好的港口。镇上的许多人都受过良好的教育。在那时，希腊人大多受教育程度比较高，他们热衷于知识和艺术，并因此把罗马人叫作野蛮人，对他们也不友好。

　　有一次，一支罗马船队进入了他林敦湾，镇上的人攻击了它们，抢走了五只船，并把船员全部处死。当这个暴行传到罗马后，元老院派遣使者要求赔偿。其中一个使者叫作卢修斯·泼斯特侯

米乌斯。当使者们到达他林敦时，他们遇到了一群嘈杂的人们，正在嘲笑他们的穿着。

罗马人的外衣叫作托嘎，是由粗糙的白羊毛布做成的，形状像一个半圆，四五码长，几乎一样宽。要穿这种长袍，他们先要纵向对折，把一头绕过左肩，再穿过右臂下方，再绕回左肩，而另外一头在前面，几乎拖到地面。他林敦人嘲笑罗马大使穿的托嘎，说这是野蛮人才穿的。

很快，使者被带进了公共剧院，那里已经积聚了一群人，打听罗马那边的消息。泼斯特侯米乌斯用希腊语对他们演讲，但因为不是母语，所以许多词的发音听起来怪怪的，他林敦人又开始大笑。但是，罗马人还是继续演讲，用庄严的方式结束了他的讲话，好像没有听到侮辱一样。

穿着托嘎的罗马人

正当这时，一个他林敦人径直走向卢修斯·泼斯特侯米乌斯站立的地方，往他的白色宽外袍上扔了一捧污泥。使者用手举起弄脏的衣服说，他林敦会为它的暴行付出代价。这时，剧院里充满了嘲笑声和挑衅的呼喊声。

"接着笑吧，"泼斯特侯米乌斯说，"你们现在还笑得出来，不久就会哭。外袍上的污渍将会用你们的鲜血来清洗。"

　　然后，使者们离开了剧院，并马上返回罗马。当他们到达元老院时，泼斯特侯米乌斯展示了他外袍上的污泥作为他林敦污辱罗马的证据。

二

　　这时，他林敦人认为他们没有可以抵御罗马的将军。于是，派遣使者漂洋过海请希腊的伊庇鲁斯国王皮洛士带兵援助他们。皮洛士是一个伟大的军事家和指挥官，几乎一直在打仗。他同意援助他林敦人，并带领一支大军穿过意大利，其中还带了相当数量的战象。

　　当皮洛士进入他林敦后，便掌控了整个城市。他林敦人热衷于戏剧和各种娱乐活动。皮洛士关闭了剧院，停止了一切娱乐活动，让人们像士兵一样整天操练起来。

　　一准备好战斗，他就带着希腊人和他林敦人出兵迎击罗马人，在赫拉克利亚城附近展开了大战。战斗进行了几个小时，双方都竭尽全力，最后，希腊人开始撤退。他们顶不住罗马人持续的、猛烈的进攻。

　　接着，皮洛士把他的象兵投入到了战场。他有 70 头大象，全都训练有素。它们闯入敌军的士兵当中，撞倒了一片，然后把他们踩死，或者用鼻子把他们卷起，扔到空中。

皮洛士的象兵

当象兵站成一排等待冲锋的命令时，罗马士兵看得又惊又怕。他们对大象一无所知，因为他们以前从来没有见过。再者，这么庞大的野兽疯狂地冲过战场，发出奇怪的声音，许多罗马士兵都被吓坏了，开始临阵脱逃。象兵杀了几百人，过了几分钟，罗马大军就被击溃了。

这时发生了一件事，使得罗马人免于全军覆没。一个勇敢的罗马士兵冲向一头冲锋的大象，用剑砍断了它的一段鼻子。畜生痛得发疯，调转头向希腊阵中跑去，踩死了很多士兵，引起了巨大的混乱。罗马人兴奋得拔腿逃跑，穿过了一条河流，进入友邦城市暂避一时。

皮洛士赢得了胜利，但也损失了几千士兵。当他看到大量的士兵死在战场上，惊呼道：

"如果再有几场这样的胜利，我恐怕要孤身回伊庇鲁斯了。"

三

不久之后，皮洛士派遣他的朋友和最钟爱的大臣——齐纳斯来罗马向元老院提出和平协议。齐纳斯是一个雄辩之士。当皮洛士不能在战斗中取胜的时候，齐纳斯经常用他那张巧嘴说服对方向国王投降，并且结为盟友。这就是为什么希腊人常说："齐纳斯的舌头比皮洛士的剑征服了更多的城市。"

齐纳斯向罗马元老院建议说，罗马人不要再对他林敦人发动战争了，也不要对帮助过他们的其他意大利部落发动战争了。过去几年里罗马从他们手中夺取的土地都应该归还。如果罗马人同意这些条款，皮洛士会成为他们的真正盟友。

这些条款对罗马其实是不利的，但齐纳斯巧舌如簧，娓娓道来，使得许多元老倾向接受条款。一天，当他们在元老院讨论这件事的时候，一个激动人心的场面发生了。

阿庇乌斯·克劳狄乌斯当时还住在罗马。他已经很老了，而且还失明了。因为这个，他得了个外号"凯库斯"，拉丁文中意为"瞎子"。但是他的脑子非常清楚，而且依然关心公共事务。当他听说元老院要接受皮洛士的协议的时候，他从床上爬了起来，声称要去元老院，对提议讲点自己的看法。

于是他的奴隶们把他抬到了元老院，然后他的儿子们和元老们出来迎接他。他开始了他的演讲，周围非常安静。他仿佛重新回到了年轻时代，再现了 30 年前他任监察官时的风采。他用激烈的言辞抨击了和平计划，说那是建立在向希腊国王屈服的基础上的。

"让我们战斗吧，"他说，"只要我们还有一兵一卒。我们因为输了一场战斗，就要向这个希腊侵略者投降吗？不，不，我

阿庇乌斯在元老院的演讲

说。即使输了所有的战斗，也比忍受投降的屈辱来得强。"

　　这个爱国的老人继续用这种方式演讲，直到筋疲力尽，然后他委顿地坐在了椅子上。他的演讲对元老们产生了重大影响，接着他们立刻投票反对皮洛士的协议，并命令齐纳斯离开罗马。

　　之后，战斗继续激烈地进行下去。一场大战在阿斯库伦展开，而罗马又被希腊人打败了。但是，他们一点也不气馁。执政官库里乌斯·登塔图斯又在贝奈温敦与皮洛士开战，结果取得了辉煌的胜利。希腊人被完全打败，之后，皮洛士只好离开意大利回到了自己的老家。

　　接下来，罗马快速攻占了他林敦，让它的人民对罗马使者的侮辱付出了惨重的代价。

第十四章 雷古鲁斯

一

罗马进行的下一场大战是与迦太基的战争。战争的目的是争夺地中海的西西里岛。战争从皮洛士离开意大利不久之后就开始了，其间共发生了三次战争，统称布匿战争，我们将要讲述的是布匿战争中的第一次。布匿的意思是腓尼基人和创建迦太基的腓尼基侨民，所以迦太基也叫布匿人或腓尼基人的聚居地。

当第一次战争开始时，罗马和迦太基都非常富有而且强大。罗马拥有庞大的军队和优秀的将领，其普通士兵也非常的勇敢和忠诚。而且罗马在战斗中胜多败少，在与迦太基开战之前，几乎征服了整个意大利。迦太基也有精良的陆军，但它最强的是海军。在那个时代，没有哪个国家有这么多的军舰和商船。迦太基人的军舰可以说遍布整个地中海。

迦太基的战船虽然短小，但却非常精悍。战船的设计也很巧妙，可以尽可能多地装载士兵、水手和桨手。船上装备了巨大的圆形铁质船头，当它冲向敌船时，可以对敌船造成巨大的破坏。每条船都有桅杆和巨型帆布，不过同时也可以有桨划行，桨手们坐在长凳上，上下有两层，借助风和桨的推力，船可以在水面上快速航行。

迦太基位于北非，在现在的突尼斯境内，坐落于地中海上一个美丽海湾的前端，是一个广阔而美丽的城市，商业贸易尤其发达。

二

在布匿战争开始的很多年以前，迦太基已占领了大部分西西里岛，把它当作了迦太基的殖民地。但是罗马也想要占有此岛，于是找个借口说要保护岛上的一个意大利部落，然后派了一支军队去了西西里岛。这就是第一次布匿战争的起因。

虽然罗马和迦太基双方打得很激烈，但很长一段时间，谁也占不了上风。起初，罗马没有战船，之前他们不需要，因为他们从来只在陆上作战。但是他们与迦太基开战时，意识到必须要有战船运输士兵前往西西里岛，还要与迦太基人在海上作战。于是罗马开始着手打造战船，并训练兵士划船，就这样，罗马在短时间内就筹备了一支强大的海军。

在战争的第九年，罗马的陆军和海军都是由马尔库斯·阿蒂利乌斯·雷古鲁斯指挥。他是一个伟大的英雄和爱国者。在布匿战争之前，他作为一名将军，经常带领罗马军队取得胜利。他从军多年，为国家出生入死，立下赫赫战功。之后，他回到了自己的小农庄，像辛辛纳图斯一样，亲自下田干活。这其中流传着一个有关他的故事，很好地展现了古罗马人的荣誉感和爱国心。

在雷古鲁斯担任统帅以前，布匿战争都是在西西里岛和地中海上进行的。但他认为罗马要在迦太基境内展开战争，于是他组织了一支庞大的陆军和海军侵入迦太基。他统领了 330 艘大型战船和大约 6 万人马。

在那个时代，海上作战部队有一种工具，叫作甲板桥。它一端固定在船的甲板上，另一端可以活动，可以旋转，这样就可以搭上敌方的战船。它下面还有一支长钉，当它放到敌方船只上的时候可以钉入固定，然后攻击方就可以登上对方甲板了。

甲板桥

当一切准备就绪，雷古鲁斯就率军出发，前往非洲。开船后不久，他就遇到一支强大的迦太基舰队，他在很短的时间内将其摧毁。之后，他继续前行，登上了非洲海岸，然后向迦太基境内进军。在途中，他攻克了几个小镇，还遇到一支迦太基军队，并将其打败。接着，他继续前行，直到遇到另一支迦太基军队。这支军队由科桑西普斯统领，他是一位斯巴达名将，当时正在迦太基。在接下来的战斗中，罗马人被打败了，雷古鲁斯也成了俘虏，被带到了迦太基。

三

但是，罗马还有其他的将领和军队，战斗继续进行，并在战斗中多次打败迦太基。

最终，迦太基认为还是和解比较有利，于是他们派遣使者到罗马，建议双方签订和平协议，停止战争。他们已经准备好了协议，同时带了雷古鲁斯与使者一道前来，但他们要他发誓，如果罗马元老院拒绝签订协议，他就要回到迦太基。他们认为雷古鲁斯为了得到自己的自由，会促使元老院接受他们的建议。雷古鲁斯同意前往，并答应了要求。

"我以我的名誉担保，"他说，"如果协议没有达成，我就会回来。"

然后，他与使者们出发前往罗马。当他接近城门的时候，成千上万的人们来到这里欢迎他，并护送他到通往城中的大道。不过他拒绝进入城中。

"我不能进入罗马，"他说，"我已不再是罗马官员了，而是迦太基的俘虏。不要催我进门，我甚至不配用于交换一个迦太基俘虏。"然而，人们坚持要他入城，在叫喊声和欢呼声中，他被人们簇拥着进了元老院。

不一会儿，迦太基使者提出了他们的建议，元老院开始考虑这些建议。一阵讨论过后，雷古鲁斯被问及他的意见，以及是否应该接受这些条款。

起先，雷古鲁斯不愿意在元老院里讲。他说俘虏是没有资格成为元老的。

"我不再是一个元老，"他说，"我是迦太基的俘虏。"

但是，元老院坚持要他发表讲话。然后雷古鲁斯说，元老院不应该接受迦太基提出的和平条款。他认为这些条款不利于罗马，建议元老院不要同意。

可是，元老院为了雷古鲁斯，更倾向于接受这些条款。如果没有了和平，他必须回迦太基去，成为阶下之囚，还有可能会被处死。因此元老院准备同意这些条款。但是，雷古鲁斯又一次强烈地反对他们，无奈，元老院只好驳回迦太基的建议。

四

此时，雷古鲁斯准备回到迦太基去，但是他的家人和朋友紧紧地抱住了他："你不能去啊，你不能去。"

无论他们怎么恳求，他只有一句话：

"我以我的名誉担保过，我必须回去，因为我不能打破我的誓言。"

于是，雷古鲁斯与使者们回到迦太基。当城里的人听说由于他的建议使和平条款被驳回，感到异常愤怒。他们非常希望与罗马达成和平，因为长期的战争致使他们失去太多的亲人和金钱。在这种情况下，他们非常想停止战争。于是，他们就迁怒于雷古鲁斯，用非常残忍的方式把他处死了。

罗马与迦太基的战争又持续了几年，但最后迦太基在西西里岛沿海的一次大型海战中被打败了。他们被迫放弃了西西里岛，并赔了罗马很大一笔钱。第一次布匿战争（公元前 241 年）就这样结束了。

雷古鲁斯前往迦太基

第十五章　非洲的征服者西庇阿

一

然而，罗马和迦太基的和平并没有维持多久。第一次布匿战争结束几年后，迦太基偷袭并占领了一个西班牙小镇，而西班牙当时是罗马的盟友。此事成了第二次布匿战争的导火索，时间是公元前 218 年。在这场战争中，出现了一个伟大的战士，他就是普布里乌斯·科涅利乌斯·西庇阿。他在以后的生涯中被称为"非洲的征服者西庇阿"，因为他在非洲赢得了多次伟大的胜利。

西庇阿从年轻时代开始就是一个勇敢的战士。当他只有 17 岁的时候，就在一场战斗中救下了他的父亲。他在战斗中始终非常勇敢，还富有英雄气概。不久，他在罗马军队中获得赏识，被提拔到很高的级别。虽说他来自于贵族家庭，但却很受平民百姓的欢迎，他们选举他为"市政官"。

市政官是治安官或者法官。他们也是市政建设负责人，还要组织罗马人民喜欢的运动会和娱乐活动。

　　在西庇阿大约 27 岁的时候，他受命指挥罗马军队与迦太基人在西班牙展开了战争。迦太基已经攻克了西班牙的部分地区，而罗马则占领着其他部分。两个国家经常为争夺这个国家的领土发生战争。

　　当西庇阿进入西班牙的时候，当地人都反抗他，但是很快他们成了朋友。因为无论何时，他在占领了一座城市后，会把俘虏的长官都给放了，还给了他们很多礼物。他对被俘虏的妇女和儿童也非常尊重。在那个时代，有个非常残酷的习俗，就是在战争中被攻占的城市的妇女都会变成奴隶。但西庇阿在西班牙从来不这么做。他释放了这些妇女，让她们获得自由。

　　一天，一个美丽的被俘虏的西班牙女孩被带到他面前。她看上去很害怕，但西庇阿亲切地跟她谈心，告诉她没有人会伤害她。在谈话中，他得知她的心上人也被罗马士兵俘虏了。他找到这个年轻男人，对他说："带着你的心上人远走高飞吧，你们两个自由了。去追求你们的幸福！以后不要忘了成为罗马的朋友。"

　　就这样，因为西庇阿的所作所为，他最终获得了西班牙人的友谊。不久，他们开始接纳罗马人，并在对迦太基的战争中给了他们巨大的帮助。

二

　　当西庇阿在西班牙的任期结束后，他回到了罗马。城中举行了热烈的欢迎仪式。一支雄壮的游行队伍向他致敬。他给国家带来了数不清的银子，那都是从富饶的西班牙矿场中和攻克的城市里得来的。这些银子被运进了罗马的国库，作为战争经费。

从西班牙回来不久，西庇阿就被选为执政官。此时，迦太基大将汉尼拔正带着一支大军驻扎在意大利。这个汉尼拔是古代最伟大的战将之一。当他只有 9 岁的时候，身为大将的父亲就要他发誓永远憎恨罗马和罗马人，之后父亲带着他来到西班牙，并完全按照一个士兵的要求来训练他。

当他的父亲去世后，汉尼拔成了迦太基驻西班牙军队的指挥官。他那时也不过 21 岁出头，在西班牙打了几个漂亮仗，由此受到了军士们的爱戴。有一天，他决心从陆路出发前往意大利，准备在罗马的土地上与罗马人开战。于是他组织了一支庞大的军队，然后动身前行。在穿过法兰西的时候，必须要渡过宽阔的罗纳河。这样做不太容易，因为上面没有桥。人可以用船渡过去，但他军中还有一定数量的大象，而它们又大、又重，而船又太小，大象感到害怕，不愿意上船。汉尼拔令人用树干绑成木筏和浮船，这样大象才得以渡了过去。

横渡了罗纳河，汉尼拔翻过阿尔卑斯山，进入了意大利。在大雪覆盖的山上开路前行，他和他的军队遭受了许多艰难险阻。他还要经常与反对他的野蛮部落进行战斗，还好他打败了他们。一些部落也因此加入了他的军队，并给他的士兵带来补给。

很快，罗马派遣军队前来阻击汉尼拔，但交战多次，汉尼拔

汉尼拔翻过阿尔卑斯山

都取得了胜利。有一次，他的军队来到了一个地方，此处崇山峻岭，队伍只能沿着山间的一条羊肠小道缓缓前进。罗马大将昆图斯·费边派他手下 4000 人马占领了关口，并把剩余的人马安置在附近的山上。

汉尼拔知道自己陷入绝境，但他还是想出了一个逃脱的办法。他让人拿来藤蔓绑在随军的公牛角上。到了半夜，命他的士卒点燃藤蔓，同时驱赶公牛上山。

这些公牛被火灼痛，发疯似的向上冲，一路上点燃了灌木和树丛。在关口处的罗马人以为迦太基人拿着火把逃了，于是他们匆忙离开了自己的岗位，快速奔向山上支援上面的战友。这时汉尼拔看到关口无人看守，迅速带领军队走出关口，逃离了绝境。

昆图斯·费边行事缓慢而且小心谨慎。罗马人多次被打败，

汉尼拔的妙计

因此费边认为除非有极大的把握，否则不要冒险与汉尼拔打大仗，最好的办法就是尽可能地骚扰汉尼拔。基于这个原因，罗马人给费边取了外号叫作"昆克塔托"，意思是拖延者。因此，任何企事业制订的极度拖延或者谨慎的计划，都被称为"费边策略"。

但是，费边虽然慎之又慎，汉尼拔还是取得多次大胜。他最大的胜利是发生在意大利南部的坎尼之战。在那里，他打败并摧毁了一支7万人的罗马军队。接下来几年中，汉尼拔留在意大利，给了罗马人无尽的摧残。

最后，西庇阿认为这个时候最好效仿雷古鲁斯的计划。于是他对元老们说：

"长久以来，我们的所作所为似乎一直都在害怕汉尼拔和迦太基。以前我们在遭受攻击时候，会非常勇敢地保家卫国，所以罗马才免于毁灭，但我们从不主动攻击敌人。我们无疑应该这么做，我们的军队非常强大而且蓄势待发，完全可以与迦太基人一战。"

西庇阿提议由他亲率大军前往非洲，并在那里展开战争。他相信如果这样做，汉尼拔肯定会撤回非洲保卫迦太基。

或许由于雷古鲁斯的教训，元老院并不喜欢西庇阿的计划。尽管如此，元老院还是同意了他去非洲，但是不给他军队。西庇阿随后募集了一支杰出的志愿者队伍，穿过地中海，前往非洲。

三

西庇阿曾几次请求北非努米底亚强有力的国王西法克斯的援助。但是西法克斯决定与迦太基联合。因此，西庇阿需要同时对付两支强大的军队。一支来自迦太基，3.3万人，由哈斯德鲁巴·吉斯戈率领。另一支来自努米底亚，6万人，由西法克斯亲自率领。

但是，西庇阿也在非洲找到了一个非常强大的盟友，那就是努米底亚的王子马西尼萨。这位王子在国中有众多的支持者，因此有能力带来一支强大的军事力量来援助罗马。他给西庇阿提供了多方面的援助。

当一切准备就绪，罗马军队和马西尼萨的部队就在距敌营6公里的地方安营扎寨。西庇阿派出间谍前往迦太基和国王西法克斯的军队打探消息。从中得知，两支军队住的是树木搭成的营房，上面覆盖芦苇和干草，因此他决定使用火攻。

于是，在一个漆黑的夜里，罗马军队离开营地，偷偷地前往敌军驻扎的平原。然后一支罗马小队偷偷接近努米底亚的军营，罗马军队派出一个士兵，小心翼翼地匍匐前进，悄悄点燃了其中一座营房。火势蔓延得很快，几分钟后整个营地就处于熊熊烈火之中了。

努米底亚的士兵突然从火中惊醒，也顾不上拿武器，发疯似的逃出燃烧的营房。成百上千的人被撞倒在地上，仓促和混乱中被人踩踏致死。还有更多的人在大火中丧生。那些逃到开阔地带的人则被埋伏的罗马人攻杀，地上到处躺着尸体。国王西法克斯则带着一些骑兵逃走了，但剩余的努米底亚军队则被完全摧毁。

同时，迦太基人也被努米底亚军营的嘈杂声所惊醒。他们以为大火是一场事故，其中一些人跑过去帮助努米底亚人。但更多的人站在混乱的人群旁，束手无策，在营房外惊恐地看着这场大火。

当迦太基人无所适从的时候，他们被西庇阿率领的罗马人打了个措手不及。许多人被杀，其余的被赶回了自己的营地，而营地有几处也被点燃了。之后，出现了一个恐怖的场景。成千上万的迦太基人拼命想要逃出火坑，但被罗马人击杀了，还有更多的人死在了大火中。不到一个小时，迦太基军队基本上被摧毁殆尽。

四

此时，西庇阿开始向伟大、富饶的迦太基城中挺进了。沿途他攻克了数座城镇，夺取大量的财富。但数周之内，迦太基人便迅速组织了一支3万人的队伍，勇敢地奔向西庇阿而来。

两军展开了一场激烈的战斗，罗马人暂时被逼退，但是巨大的勇气支撑着他们一次又一次地向迦太基人发起冲锋，最后完全打败了他们。

这时迦太基人只好送信到意大利请汉尼拔来救急。这个赫赫有名的将军不想离开意大利，因为他希望拿下罗马。但是，他认为还是服从迦太基的命令为好，于是带着军队向非洲返航。

汉尼拔抵达了非洲之后，带领军队到了一个广阔的平原上，这个平原位于离迦太基不远的扎马镇附近。然后，他就在这里等着罗马人。

汉尼拔对西庇阿也是赞赏有加，因此，想在战斗之前见见他。接着他派了一个使者到西庇阿那里要求一会。对方同意了这个要求，之后，两员大将相会了。

他们真挚地向对方致敬，并相互恭维取得的辉煌战绩和伟大的军事才能。然后，汉尼拔就向西庇阿提出签订和平协议。

"我们会让出意大利、西西里岛和撒丁岛给罗马。然后，再划分我们的领海基线。这样你们还有什么不满足呢？罗马和迦太基以后会成为世界上两个伟大的国家。"

西庇阿认为现在签订协议已经晚了。

"我们必须分出胜负，"他说，"直到其中一方被另一方征服为止。"

两位大将不欢而散，各自回营。次日，两军以战斗的阵势集结起来。每一方大约都有3万人，但汉尼拔还有一群象兵。战斗持续了很久，战况也极其惨烈。双方打得都非常英勇，简直就像一场大屠杀。不过，汉尼拔的象兵没有起到作用，因为罗马人用吹喇叭、投掷火球的方式吓唬它们。正当迦太基队伍被打乱之际，一股强大的罗马骑兵突然从后面冒了出来，瞬间克制了迦太基人。罗马人就此获得了胜利。当汉尼拔看到大势已去，就与他的一些战友落荒而逃了。

西庇阿此时完全掌控了迦太基。他迫使迦太基人赔偿大量金银，并献出他们的城池和土地。他又强迫他们毁了强大的舰队，同时要他们承诺，没有罗马的允许将来不能与任何人发生战争。

当西庇阿回到罗马进入城中时，他走在大部队的最前面。人们赋予他最高的荣誉，称他为"非洲的征服者西庇阿"。

多年以后，西庇阿和汉尼拔在叙利亚国王的王宫中相遇了。两位将军进行了友好的会谈，西庇阿还问汉尼拔从古到今在他心里谁是最伟大的将军。汉尼拔回道：

"亚历山大大帝。"

"那谁第二呢？"西庇阿又问。

"皮洛士。"汉尼拔回答。

"谁第三呢？"

"我自己。"汉尼拔又答。

"你会怎么说呢，"西庇阿问道，"假如当初你战胜了我？"

"那我就可以这样说，"汉尼拔回道，"我比亚历山大、皮洛士和所有的将军都要伟大。"

第十六章　监察官加图

一

离罗马 15 公里的地方有个小镇图斯库卢姆，其附近有个农场，住着一个男孩，叫马尔库斯·波尔基乌斯·加图。他的父亲和爷爷都是农民，他不出意外也会是农民。

当他 17 岁时，汉尼拔的军队经过阿尔卑斯山进入了意大利，而年轻的加图加入了罗马军队。当战争结束后，这个农村孩子已经长大成人，而且孔武有力。他的一个邻居，也是一个富人，对他颇为关心，劝他到罗马去学习法律。

最后，他被选为官员，其间工作出色，于是步步高升，直到他成了执政官。那一年，西班牙发生叛乱，加图领着一支军队前往镇压。据说他用四百天的时间攻占了四百个村庄。在返回到罗马时，他被授予了凯旋仪式。

此事不久，他又被派往希腊，那里有个罗马的友邦城市正受到安条克的袭击。在温泉关，他打败了安条克，作为一个军事家，他赢得了巨大的荣誉。

加图是一个非常节俭的人，对自己节俭，对朋友也很节俭。虽说他非常富有，在大城市也有官职，但他过着朴素的生活，从不寻欢作乐，还不乱花钱。他吃的是最平常的食物，喝着廉价的给他的奴隶喝的酒。

他认为富人的奢侈和挥霍，削弱了罗马的实力。为了制止奢靡这事，加图要求罗马人民选他为监察官。贵族们深感痛苦，一起来反对他，但他还是被绝大多数人选上了。然后，他要做的第一件事就是把几个元老从元老院驱逐出来，因为他们生活作风不正派。还对马车抽取重税，迫使人们多走路。他对珠宝、漂亮衣服、地毯和上等家具也都课以重税。他的工作做得如此出色，因此监察官加图青史留名，好像只有他一个人担任这个职位。还以他的名义竖立了一座雕像，而人们对他在西班牙和温泉关取得的胜利却所知甚少，只记得，"当罗马共和国开始堕落的时候，加图用铁的纪律挽救了它"。

二

之后的几年，加图被派往迦太基为罗马深入调查一件事。这件事的由来是这样的：你应该记得迦太基曾经承诺，没有罗马的允许不能与任何国家开战。几年之后，罗马的朋友马西尼萨袭击了迦太基人，而他们则向罗马寻求保护，但是被拒绝了，迦太基人只好拿起武器自己对抗马西尼萨了。

　　加图被派往迦太基调查谁应该承担责任。当他到达城市时，他惊奇地发现它变得更大更强更繁荣了。从非洲征服者西庇阿征服迦太基，只不过短短 26 年。不仅如此，街上的年轻人很多，兵工厂里更是放着成堆的武器，港口上的桅杆像树木一样。城市本身可以说既富裕又繁荣。

　　加图回到罗马后，警告国人迦太基必须要摧毁。从那时起，无论何时，只要他在元老院发表讲话，不管什么话题，他都以这样结尾："我的意见是，迦太基必须要摧毁。"最后，加图的话起了作用，他们就此对迦太基宣战。

　　罗马军队已经开拔之后，迦太基的使节就到了罗马，并提出只要停战可以接受任何条件。罗马元老院承诺保持迦太基的法律和自由不变，但需要人质抵押。于是三百名来自迦太基上层家族的儿童被送到了罗马。当罗马军队到达迦太基，执政官坚持要迦太基人交出武器。完事后，迦太基人问罗马人是不是需要其他的东西。

　　此时，一个执政官说，"你们的城市必须被摧毁，而你们也必须要从海边向内陆倒退 10 公里。"迦太基人这时才知道被骗了。他们关上了城门，决定在最后关头靠自己保护自己。他们要求先停战 30 天，这样可以让大使团到达罗马。要求得到了允许，就这样，得到了一个月的宽裕时间。在这段时间内，男人、妇女和孩子全都参与武器制造用以保卫家园。妇女们甚至割断她们的

迦太基妇女的爱国精神

长发来做投石机上的弓弦。

大使团游说罗马的任务失败了，而迦太基也被包围了。攻城之战持续了三年。

保卢斯·埃米利乌斯的儿子被非洲征服者西庇阿的儿子收养了，并取名西庇阿。他被派往迦太基，一年之后，他强行攻城，并占领了它（公元前146年）。之后，城墙都被推倒了，所有的建筑也都付之一炬。加图可以说为战争做了主要贡献，但没有活着看到它的结束。在城池被攻下的前两年，他就死了。

元老院封小西庇阿为非洲征服者，就跟原来的迦太基征服者一样。

小西庇阿赢得的名声不仅仅是在非洲，还有西班牙，他曾被派去那里对付努曼提亚人。那些勇士两次打败罗马大军，但是西庇阿很快成功地将他们关在努曼提亚城内。绕着城墙，他又建了一道墙，这样既可以保护自己士兵免受攻击，又可以断了努曼提亚的食物来源。15个月后，城里的市民开始忍饥挨饿。他们不惜拼死一战，但西庇阿仍旧躲在自己的墙后面，不与他们开战。为了不向罗马人摇尾乞怜，努曼提亚人最后都自杀了。

　　最后，西班牙被迫投降，并成了罗马的一个省。

努曼提亚保卫战

第十七章　格拉古兄弟

一

在第二次和第三次布匿战争之间，罗马城中有两个兄弟，一个叫提比略，另一个叫盖约·格拉古，通常叫他们格拉古兄弟。他们两个是好心人，而且还是平民百姓的知心朋友。

格拉古兄弟的母亲是科涅莉亚，非洲征服者西庇阿之女。她是一个杰出的女性，对两个儿子充满了自豪。她教育他们要勇敢，也要有男子汉的气概，最重要的是永远站在人民这一边。

一天，一个贵妇人来拜访科涅莉亚，向她展示了几件贵重的珠宝。当他们看完了以后，贵妇说道：

"我的你们看完了，现在让我看看你们的。"

正当这时，提比略和盖约两个孩子进了屋。一看到他们，科涅莉亚就把他们叫过来，把手搭在他们肩上，说道：

"这就是我的宝贝。"

科涅莉亚和她的珠宝

当提比略和盖约长大成人后，在一场平民和贵族间旷日持久的争论中以大众的立场为民直言。这是一场关于土地的争论。无论什么时候，罗马人在战争中征服了一个国家以后，他们就把战败国的部分土地占为己有。这些土地称为公有土地。罗马建城后多年来，公有土地在市民中分配制度一直是被严格遵守的。

但是后来这个制度被改变了。本来一部分公有土地是全民分配的，后来变成只在贵族之间分配，平民一点也分不到。土地都是由奴隶耕种，而所有的收成都上交给了贵族。于是穷苦的士兵用艰苦的战斗换来的土地到头来却无地可种，其中一些甚至连家也没有。他们不断地要求实施原有的制度，即土地在全民间公平分配。贵族却对他们的要求嗤之以鼻。

但提比略·格拉古作为穷人利益的捍卫者大胆地站了出来。他声称贵族们应该放弃他们非法占有的土地，而人们应该得到合理的份额。他的话使贵族们非常生气，他们成了他的死对头。

二

但是，人们因此而对提比略尊崇有加，并选他当了其中一个护民官。护民官本应该维护民众的利益，但有时他们不太敬业。就像我们前文提过，他们拥有很大的权力。他们可以坐在元老院门口听元老议事，当一项法律提案不受他们欢迎时，他们就可以说："我们不同意。"那么这项法律就不能通过。

　　而无论什么时候，护民官想要通过一项法律，他们就可以在全民会议，即部落大会上提出来。平民百姓在大会上也有很大的权力，任何一项由护民官提出的法律必须要多数同意才能通过。然后，护民官才能迫使执政官实施这项法律。

　　在提比略·格拉古成为护民官不久之后，他提出了一项法律，每个贵族可以拥有 500 亩公有土地留作自用，每个儿子再分得 250 亩，而剩下的土地应该平分给穷苦的公民。

　　这项法律得到了通过，而后贵族们不得不放弃大片他们已经占有的土地。因此穷苦百姓也得到了部分良田。

　　在这个时期，亚洲国家帕加姆斯的国王阿塔卢斯死了，留下了所有财产给罗马。贵族们想把这些钱占为己有，但提比略把它分给了穷苦的公民。

　　当然，这样做使贵族们对提比略更加气愤，他们下决心找机会除掉他。于是在选举的那一天，也就是人们第二次选举提比略成为护民官时，一些贵族到了投票处想引发骚乱。但是提比略的朋友们把他们赶了出去。之后，贵族们散布流言蜚语，说提比略想引导民众让他成为国王。

　　后来，他们聚集一帮朋友和奴隶与百姓开始打了起来。虽然没有任何武器，但是石头扔来扔去，棍棒、树枝和其他一些随手可取的东西被当作了武器。一时引起了可怕的骚乱，许多人因此而被杀。当提比略和他的朋友一起勇敢抵抗一群贵族的攻击时，突然一个踉跄倒在了地上。说时迟那时快，贵族们迅速向他冲了上去。其中一个用木头打中了他的头部，导致他死亡。然后他们抬起他的尸体把他扔进了台伯河。

三

提比略现在已经被除，贵族们开始把分给人们的土地又抢了回来。但是盖约·格拉古突然出现在罗马，并声称作为人民的朋友他要代替他哥哥的位置。而提比略被杀时，他正跟着罗马军队在西班牙。

现在人们选举他为护民官，而他开始继承他哥哥的事业，继续实行他的政策。由于这个原因，贵族恨他就像恨他哥哥一样。他们说他是一个危险的人，并且有称王的野心。一天，他经过广场，一个陌生男人对他说：

"我希望你能放过罗马共和国。"

盖约的朋友对此话非常气愤，然后他们打倒了这个人并杀了他。

贵族们和他们的追随者随后把自己武装了起来。大量百姓们也聚集起来准备一战。人们要盖约来领导他们，但他不愿意让百姓和贵族发生冲突。他知道自己死了贵族就会罢休，于是命令奴隶拿刀刺向他的心脏。奴隶执行了命令，于是最后一个格拉古兄弟也死了。

第十八章 马略

一

　　盖约·格拉古死的时候，在罗马有一个伟大人物叫盖乌斯·马略。这个人站了出来并对人们说，如果他们选他当护民官，他就会为他们争取权利。

　　于是，人们选他当了护民官，而他也实现了他的承诺，尽自己所能为他们带来好处。之后，他七次当选为执政官。可以说很长一段时间内，他都是罗马最伟大的人物。

马略

　　马略是一个高大且强有力的人，而且意志坚强。他言出必行，即使困难重重也一定会完成。他同时也是一个伟大的军事家。还有许多人认为他是罗马最出色的战将。

　　他成功地击退过努米底亚国王朱古达，而在此之前，有多位大将败于他之手。他从朱古达手中占领了多座城市，最后活捉了他并夺取了他所有的财产。

朱古达被带到罗马。他跟着胜利之师，被迫走在马略的战车后面。之后，他被关进了一个肮脏的地牢里，听天由命。

贵族们不喜欢马略。他的父亲是平民百姓，而他老是站在百姓一边与贵族们作对。因此贵族们恨透了他，也不惜一切代价反对他，除了万不得已，需要他的帮助来保护罗马免受强敌的侵害。

由辛布里人、条顿族人和安布罗斯人组成的一群野蛮人，离开家乡来到波罗的海沿岸，侵入了罗马南部领土。他们强壮、凶悍，并且把所经之处糟蹋一空，还打败了几支派去对付他们的罗马军队。赫尔维蒂（现在的瑞士）的几个部落也加入了他们的队伍。其中一个部落打败并杀死了一个罗马执政官，还迫使他的军队钻轭门。

因此，罗马人感到非常害怕。他们认为这些野蛮人会很快到达意大利。于是马略受命带领大军出征对付他们。他穿过地中海进入高卢，在阿尔勒城附近的罗纳河上遇到了条顿族人和安布罗斯人。而辛布里人早已进入了意大利。

马略首先做了一个牢固的大

罗马军队过轭门

营。在与他们作战之前，他想给他的人有充分时间来适应这些敌人陌生的作战方式。罗马士兵看到这些野蛮人都非常害怕，因为他们之前没有看到过这种人。

条顿族人长得就像巨人一样。他们有一双大大的、野蛮、恶狠狠的眼睛和长长的头发，并且作战时喊着可怕的战斗口号。安布罗斯人和辛布里人外貌上完全就是野人。条顿族人的国王身材高大而且身手敏捷，可以跳过六匹并排站立的马。

当这些野蛮人看到罗马人后，并不急着战斗，而是开始嘲笑和侮辱他们。

他们日复一日地在罗马的营房前走来走去，并宣称罗马人是懦夫。

"你们为什么不出来像个男人一样战斗呢？"他们大叫，"你们怕了吗？出来，出来。我们等不及了，我们杀了你们之后就可以去罗马了！"

马略做了很多工作，保证他的人不冲出去跟野人开战。他还不想战斗，于是他对手下士兵说：

"当机会合适时，我们会跟这些野人打个痛快。"

一天，一个巨大的条顿人首领，带着一个大大的盾牌和长矛，径直来到罗马营地入口处，大声叫唤马略，让他亲自出来与他一会。大将军对野蛮人的鲁莽行为淡淡一笑，然后派出一个角斗士与他一战，就当给罗马人娱乐一下。

角斗士

角斗士是这样一种人，他们在罗马的娱乐活动中相互格斗给罗马人用来消遣。通常是奴隶，并且非常强壮，也可以说是训练有素的战士。

角斗士打败条顿人根本不在话下。几分钟后，他就把野蛮的巨人给放倒了，而罗马人看到这一幕更是兴奋得大喊大叫。

在杀了这个条顿人之后，罗马人仍旧待在他们的大营中。马略还没准备好战斗。最后，野蛮人等得不耐烦了，开始向意大利进发。

二

蛮夷人数众多，整整走了6天，才完全从罗马军营旁经过。当所有人都通过之后，马略离开大营跟着他们慢慢前行。不久之后，两军到了高卢南海岸的艾克斯城。

马略认为这时是出击的好时候，于是领着他的精锐部队来迎战敌军。第一战是对阵安布罗斯人。他们喊着战斗口号来吓唬罗马人，然后竖起盾牌，放在嘴边，大声喊道："安布罗斯人必胜！安布罗斯人必胜！"好像在恐吓罗马人，让他们知道他们是谁。然后他们发疯似的冲向战场。

面对敌人的冲锋，罗马人勇气可嘉。他们的队列始终保持完整，并三次将对手逼退，然后整体稳步向前推进。他们砍倒几千安布罗斯人，还抓了很多俘虏，而余下的在惊恐中逃走了。

第二天，进行了第二次交锋。条顿人和安布罗斯人联合进攻罗马人，但是罗马又获得了胜利。战斗结束后，发现足足超过10万野蛮人被杀或被俘。

马略此时把他的注意力转向已经进入意大利的辛布里人。他们驻扎在波河边一个美丽、富庶的平原上，正享受着温暖的意大利阳光和甘甜的水果。

但马略带着他的胜利之师没用多长时间就到了同一个地方。当辛布里人看到罗马大军向他们驻扎的平原而来，一时惊呆了。为了争取更多的时间，他们向马略派遣使者，求他给他们土地在意大利生存下来。

"请给我们，"使者说，"一些意大利的土地吧，我们和我们的朋友——条顿族人和安布罗斯人，我们所有人会生活在这里而不会发动战争。"

"不用担心条顿族人和安布罗斯人了，"马略说，"他们已经有自己的土地了。我们给了他们一些，他们会永远安息的。我们还会给你们一样的待遇。”

　　然后，两支大军展开了战斗。辛布里的步兵列出了一个巨大的方阵，方阵的前面几排用铁链连在一起防止他们逃跑。还有1.5万名骑兵，戴着跟猛兽头一样的头盔。

　　战斗胶着了一段时间，但不是很久。辛布里人一次又一次地被逼退，最终落荒而逃。成千上万的人被杀，还有几千人成了俘虏。

　　当马略和他的士兵回到罗马时，他们受到了热烈的欢迎。游行的队伍穿街过巷，一场盛大的宴席正等着他们。大量的奖金分发给士兵以嘉奖他们的英勇表现。

　　马略此时得到了罗马的器重。贵族们不敢对他说一个不字。他七次当选执政官，可以说很长一段时间他掌控了整个罗马共和国。

　　马略任执政官的第六年，一场战争，即同盟者战争爆发了。此战持续了三年。那是罗马和一些被罗马征服的意大利国家之间的战争。这些国家的人民并不是要从罗马分裂出去，而是想要拥

古罗马葡萄酒节

有跟罗马人一样的选举权。罗马拒绝了给他们这项权利，最后只能用战争解决。

那时候罗马所有最伟大的将军都参与了这场战争。其中就有年轻贵族苏拉。他是一个非常成功的军事家，之前战绩辉煌。同盟者在这场战争中战败了，但罗马不久就批准了他们所要求的多项权利。

贵族们对苏拉在同盟者战争中取得的胜利给予高度的赞赏，他们声称他是一位比马略更优秀的将军。这个年轻贵族受到了前所未有的赞誉，连马略也开始嫉妒他，由此还做了一件傻事。他突然从战场上离开了他的军队，回到了罗马，抱怨说他太紧张了，并把自己关在家里几个星期，拒绝会见任何朋友。

贵族中此时还出现了一些传言，说马略年纪大了身体不好而且脑子也变得迟钝了。当时，他快70岁了，贵族们觉得他应该从军队中退休了。这使得老英雄非常气愤，并声称他的脑子和身体不比任何一个罗马的年轻人差。

一天早晨，他来到了罗马的年轻人经常进行体育运动的地方。两三个小时，他又是摔跤又是跑步又是跳远，无论技巧还是力量都不输与别人。几个碰巧路过的贵族看到他也甚感惊讶。而这个时候，苏拉由于在同盟者战争中战功卓著而被选为执政官。不久之后，罗马与来自小亚细亚的本都国王米特里达梯宣战。他残忍地杀死了罗马在亚洲的一个省的许多公民。

因此元老院任命苏拉来指挥罗马军队。但是，他带兵一离开罗马，一个护民官就提出召开全民大会要求收回他的指挥权，然后交给马略。大会同意了这个建议，而马略也接受了任命。他给离罗马不远的军队带信，说他马上会来并接管队伍。

当苏拉听到这个消息后，显得非常气愤。因此他召集所有军士到他身边，告诉他们发生了什么事，并问他们是否愿意屈服成为马略和他朋党的奴隶。

"不要，不要！"士兵们大喊，"我们不会屈服。我们要您带领我们。"

"那么请跟我回罗马，"苏拉说，"我们要告诉马略和他的党羽，他们不能侮辱我们。"

于是，士兵们随苏拉紧急行军回到罗马。他们声称要从反贼手中将城市夺回来，反贼就是他们所说的马略之流。当他们进入城中，刚好遇到马略和他的随从。双方展开了战斗，但马略被打败了。之后，一条声称马略为卖国贼的法律被通过，而他也要被处死。

但是马略和他的朋友从罗马逃走了，乘船沿着台伯河到了地中海。他沿着海岸航行，然后和同伴们一起上岸寻找食物。他们漫无目的地走在农村里，看不到一个人。最后，他们遇到了一个农民，他给了他们一些吃的。他告诉他们，从罗马来的骑兵到这里来搜过马略。

他们听到吓坏了，然后跑进了一片浓密的树林里才停下来，在这儿住了一个晚上。但当马略的同伴们意志低落的时候，马略却情绪高昂，信心十足。

"情况虽然糟糕，"他说，"但是不会持续太久。我知道，因为众神向我透露过，我会再次成为罗马的执政官。"

但不幸的是，第二天马略就被骑兵带走了。他看到他们来了，就逃出老远，进入了一片大沼泽地，隐身在又高又密的芦苇丛中。骑兵乘马进入沼泽地找到了他，把一条绳子套在他脖子上，拉着他上了岸。然后，把他关在营房里，开始思考如何处置他。

最后，他们决定立刻处死他。他们以为这样可以取悦苏拉，而且还可能会奖励他们。因此他们拿出一把剑给奴隶，让他杀了马略。奴隶进入营房，站在那里，看了大将军一会儿。马略的眼睛像野兽一样地盯着他，并用严厉的口气对他说：

"奴才，你敢杀盖乌斯·马略？"

奴隶害怕得后退几步，接着跑出了营房。然后他把他的剑扔在士兵们脚下，哭着说他没有勇气去杀马略。

最终马略被判决流放海外。于是他被带上船，驶向了非洲。在登陆以后，他在这片土地上毫无目的地走着，直至来到迦太基城曾经坐落的地方。这个赫赫有名的城市如今没有剩下任何东西，只有一堆黑黑的废墟。马略就在这堆废墟中生活了一段时间。一天，一个士兵来告诉他，非洲的统治者要他离开这个国家。

"回复你们的统治者。"马略回答，"告诉他马略坐在迦太基的废墟上。"

马略坐在迦太基的废墟上

　　不久，当苏拉外出攻打国王米特里达梯期间，罗马出了乱子。有一个执政官秦纳在众多百姓的援助下，试图夺取公共事务控制权，但是被贵族们打败了。然后秦纳和他的追随者被迫离开了城市。因为有些意大利人埋怨没有从罗马那里得到应有的权利，于是他们在这些人中组织了一支军队，然后开往非洲找马略回来，并要他做他们的司令官。

　　当马略回来后，他向罗马发动一次进攻，而且不久就攻克了它。那时，他冲在队伍的最前面，领着他的军队攻入城中，就这样占据了整座城市。在接下来的选举中，人们又选他为执政官。

　　此时，马略决定要向当年把他驱逐出罗马的贵族们报复。在接下来的几天里，这个罗马老人在一群解放了的奴隶簇拥下，搜遍全城寻找贵族，包括他们的家、神庙、广场，找遍所有地方，找到后杀无赦。

　　那真可以说是可怕的日子。罗马城里最高贵的一些人都被处死了。苏拉的朋友一个也没有幸免，他们甚至对他的妻子和孩子也异常苛刻，要求他们离开城市。马略并没有因此停止血腥杀戮，直到杀完了所有他能找到的敌人。但是他的胜利是短暂的。他在第七次成为执政官之后，两周多时间就死了。

第十九章　苏拉

一

　　我们之前讲到过苏拉，但是他的事迹远不止这些，因为他是一个非凡的人物，对罗马做了许多了不起的大事。他的全名是卢奇乌斯·科尔涅利乌斯·苏拉。他出身于贵族世家。他在年轻的时候，就非常热爱学习，并成了一个杰出的学者。他是一个很好的演说家，经常在广场上对公共事务发表独特的见解。

苏拉

　　他是一个高大、强壮的人，有一头红发且红光满面。他是一个伟大的军事家，是罗马最伟大的将军之一。他们称他为"雄狮"。他在战斗中英勇无畏，而且战果累累，于是得了个绰号"Felix"，拉丁文中意为"幸运儿"。

二

苏拉参与的最大的战争之一就是对希腊的战争。罗马之前征服了希腊，许多希腊城邦也都设立了罗马总督。这些总督对希腊人非常残酷，因此人们对他们恨之入骨。本都（小亚细亚的一个希腊化的王国）国王米特里达梯知道了这些，他提出派遣军队到希腊帮助他们把罗马人从这个国家赶走。希腊人对此非常高兴，并准备好向罗马开战。

苏拉率领一支强大的军队赶到希腊，开始了全面的征讨。他攻占了几座城市，强迫他们服从罗马的管理者。然后，他行军至希腊首都雅典。到达那里，他发现米特里达梯手下的大将阿凯拉斯已经驻扎在此了，后者是从小亚细亚率领军队过来帮助希腊人的。

雅典是当时世界上最坚固的城市之一。它的城墙有 70 英尺高，都是用巨大、厚重、平整的硬石块堆砌而成，由成千上万的人花费多年建成。城中粮食储备丰富，因此可以抵挡长时间的围攻。

苏拉日复一日地猛攻雅典达几个星期，但都徒劳无功。他对这座城市无可奈何。他的士兵几次尝试爬上高墙，都没有成功。最后，苏拉做了几个攻城槌。这种机械是专门用来破坏城墙的。它们都是又长又重的木杆，其中一头用铁包裹，做成锤头的样子。这就是我们为什么要称它为攻城槌了。起初，它们靠攻城的士兵用体力徒手撞击，就像你在照片上看到的一样。到了后来，它们被吊在横梁上，可以前后摆动，前面的铁头可以用巨大的力量撞击城墙了。

攻城槌

当大批攻城槌准备就绪之后，苏拉又开始对雅典发动进攻。但是，一队雅典士兵趁夜偷出城外，将所有攻城槌付之一炬。苏拉快速地又重新制作了几个，在几个月的辛苦劳作之后，罗马人终于攻破了城墙，占领了雅典。他们将这座美丽的城市劫掠一空，还摧毁了许多精美的艺术品。据说，他们抢走了超过 600 磅的黄金白银。苏拉留在雅典直到重新建立罗马政权。然后，他带着军队离开，并向希腊另一个小镇喀罗尼亚挺进。在那里，米特里达梯派遣了 12 万人帮助希腊人守城。

罗马军队只有 4 万人，但是，苏拉面对人数众多的米特里达梯军队毫不畏惧。战斗开始，他将军队部署在合适的位置上，之后，他巧妙地将部队从一个点移到另外一个点，并取得了重大的胜利。

从某个方面来说，这是一场不可思议的战斗。虽然进攻很猛烈，甚至贴身肉搏，但是米特里达梯的士兵被成千上万地屠杀，罗马军队只折损了几个人。我们只知道战后清点人数，罗马军队只有 12 人没有答"到"。米特里达梯的军队损失了 12 万人，形成对比的是罗马只损失了 12 个人。

　　但是，我们不可能相信罗马人损失如此之少，因为这看起来几乎不能。然而，可以确定的是，苏拉获得了一场重大的胜利。后来，米特里达梯快速增派了一支新的军队，但还是被他打败了。

　　随后，米特里达梯的将军阿凯拉斯求和。苏拉开出了对罗马非常有利的条款，而阿凯拉斯和米特里达梯不得不接受。米特里达梯还被迫向罗马支付大量的金钱和奉送 70 艘战船，并承诺以后与罗马结盟。就这样，对希腊的战争结束了。

三

　　苏拉此时准备返回意大利。他早就听说马略是如何对待他在罗马的朋友、妻子和孩子的。为此他非常恼火，在他致元老院的信中，告诉他们他在希腊取得胜利，他说：

　　"我鞠躬尽瘁给罗马带来荣誉和光荣，得到的回报却是妻子和孩子被赶出家园，房子被烧毁，而我的朋友被处死。我将要回来惩处那些伤害我的人。"

　　当信读给元老们听后，他们非常害怕，因为他们知道如果苏拉像信中威胁的那样做的话，罗马就会发生一场可怕的内战。在回信中，他们乞求苏拉不要在自己的国家发动战争，而且答应竭尽所能帮助他和马略的支持者们相互谅解。苏拉回信说他不想与那些人达成什么谅解。

　　"我不可能与我的敌人成为朋友，"他说，"我会好好照顾自己。如果他们也能照顾好自己，那就最好了。"

　　不久，他带领军队动身回意大利。罗马此时处于马略党的控制之下。这个党派由秦纳和小马略——伟大的马略之子领导。当他们听说苏拉回来了，就召集了一支军队，企图把他赶回去。小马略说：

　　"现在可以决出谁将是罗马的主宰！"

　　两军展开了一场战斗。战斗进行了很长时间，战况也很激烈。马略党人一度看似就要赢了，即使苏拉本人也不再抱有胜利的希望。但是不久，马略党人犯了一些很严重的错误，致使形势逆转，然后，苏拉就赢得了胜利。他抓了6000个俘虏。

四

　　此时，苏拉以主人的姿态进入了罗马，并且他证明了自己是一个残酷的主人。首先，他要求任命自己为独裁官，任期随他的意。然后，他下令所有马略的追随者都要被处死。于是，他把这些人从藏身之处搜出来，毫不留情地全部处死。

　　在所有已知的与马略有关系的人都被杀死后，人们认为苏拉会停止他的杀戮，但是他没有。他继续大开杀戒，一个接着一个，直到罗马人陷于可怕的恐怖当中。"他什么时候会停止啊？"他们用颤抖的声音互相询问。

　　一天，一位元老鼓起勇气问苏拉能不能说出他将会饶恕谁。

苏拉冷冷地回答：

"我还没有下定决心，但是如果元老院愿意的话，我会很快列出一张必死的清单。"

而苏拉真的列了一张清单，上面写着他想要杀的人。它被称为"死亡名单"，并挂在广场之上。哦，可怜的、惊恐的罗马人看到这份名单是多么的紧张啊。如果一个人看到上面没有他的名字，他会高兴地跑开。但是，如果一个人看到上面有他的名单，他会用托嘎盖住他的脸，然后跑开躲起来。

第二天，一张更长的死亡清单被开出并悬挂起来，第三天，又是一张。任何人杀了清单上的人就可以得到一大笔奖金，但是如果有人帮助名单上的人逃跑，就会被处死。这个可怕的举措一直持续下去，直到成千上万的罗马及意大利境内的人被杀害才停止。

然后，苏拉在罗马街上举行了凯旋式。这是罗马有史以来见过的最壮观的队伍。几百匹漂亮的大马拉着闪亮的金色战车；几排长长军列中士兵穿着闪闪发光的盔甲；还有一些奴隶和战胜米特里达梯从希腊得来的金银财宝装满了马车。独裁官自己坐在最豪华的战车里，他看起来像一个国王，而实际上他拥有和国王一样的权力，虽然名义上不是。这就是我们所说的凯旋式。

苏拉为了保护自己，组建一支由奴隶组成的禁卫军，这些奴隶以前为他开出的死亡名单上的人所有，现在被他没收。这支禁卫军据说有 1 万人，被称为"科涅利"，由苏拉的姓而来。

罗马的凯旋式

在苏拉的统治下，他的意愿就是法律。他可以做任何他喜欢的事情。但是，他在独裁官的位置上待得并不长。大约在凯旋式后一年，他似乎厌倦了管理事务，便辞去了官职。然后，他离开了罗马，住到了位于美丽的那不勒斯港的乡下房子里。在这里，他有时举行宴会，有时游山玩水，有时学习，就这样度过余生。公元前 78 年，苏拉去世。

第二十章　庞培大将

一

在苏拉死后不久，一个新的罗马的敌人出现在地中海。很多住在小亚细亚沿岸的人建造并武装了一支舰队，航行在意大利沿岸，攻击劫掠过往的罗马船只。

这些海盗也经常上岸抢劫。海盗船上的船员登陆以后，将附近地区所有的农民都杀死，然后再捣毁农田。因此，海盗短时间内成了意大利沿岸的主宰，并且让人们长期处于不安和恐惧之中。

但是最后，罗马人决定向这些强盗宣战，并选了一个非常有名的年轻人格奈乌斯·庞培为大将。人们对庞培怀有十足的信心。他们说他是唯一一个能消灭地中海海盗的人，并召唤他完成使命。

庞培是一个英俊而且彬彬有礼的男人。他在西班牙和非洲从军期间英勇作战的事迹使他在罗马享有盛名，而且通常被称为伟大的庞培。他的父亲也是一个伟大的指挥官，而从小他就生活在军营中，从童年时代就参加了战争。他在他的军旅生涯中有许多优点，并且始终展现出优秀的英雄气质。他在苏拉身边作战，多次参加对抗玛丽安人的战斗，而他是公认的苏拉最得力的干将之一。

因此，罗马元老院同意人们的要求，任命庞培领军去剿灭海盗。他接受了命令，然后火速出发去履行这个重要的使命。

他聚集了 14 支强大的舰队。自己坐镇其中一支，并把其他的船只交付给有能力的军官来指挥。接着他把地中海分成 13 个区块，每个区块都派一支舰队去猎杀海盗。

他领着自己的舰队一直行驶到直布罗陀海峡，然后再向意大利回转。在途中，只要遇到海盗，他就追击海盗船，直到他们停下来或者被 13 支遍布地中海的舰队抓住为止。海盗就这样进入了一个陷阱。成千上万的海盗在战斗中被不同的舰队所杀，而他们的船只也尽数焚毁。剩下的海盗只好马上向罗马投降，三个月后，海上的海盗就被清除了。

庞培因为这个巨大的功劳而备受嘉奖，并且人们说他是对付米特里达梯的合适人选。这个国王又一次袭击了罗马在亚洲的一个省，而罗马也决定要惩罚他。但米特里达梯是个非常强大的人。他有杰出的军队，还有经验

罗马海港

丰富的战将，更是多次打败罗马人。因此，罗马人民决定派遣庞培去对付他。庞培也非常乐意成为这支大军的指挥官，于是他自豪地与他的士兵一起出发前往东方。

二

庞培在亚洲待了几年，取得了多次大胜。期间，他还征服了多个国家，并向他们派遣罗马自己的总督。之后，他还俘虏了国王和王子，回到了罗马，同时带来了数不清的金银和其他珍贵的宝物，这使得罗马和他都变得更加富有。他本人还受到了隆重的欢迎，而他取得如此大的胜利，使他成了伟大的常胜将军。

但是此时，庞培开始筹划如何使他在有生之年成为罗马的主宰。他在战争中的胜利使民众对他非常有好感，还对他的各方面都赞赏有加。如何保持这种好感，并利用它谋取权力已经占据了他的整个灵魂。他曾经出任过执政官，而且现在又选上了，然后开始为人们提供各种各样的娱乐活动。他相信，如果人们获得了满足，就不可能反对他把政府的权力掌握在手中。

他还建了一个剧院，足足可以容纳 4 万人。这是罗马第一个大剧院。它是石结构的，并且建得很牢固。剧院上面没有屋顶，上面座位一排比一排高，整体上呈半圆形。它的一端是一个巨大舞台，所有的演出都在这里进行。

在这个宏伟的剧场里，庞培时不时地带来几场震撼的演出。

他花巨额买来了狮子、大象以及其他来源于亚洲和非洲的野生动物。这些动物被放出来登上舞台，然后让角斗士与它们搏斗，而观众们则可以在剧院里全方位地观看表演。

　　剧场里还有更令人激动的格斗比赛，那就是角斗士之间的决斗。他们残忍地相互打斗，直到有人受伤或者倒在舞台上。然后，胜利者会转向观众，向他们示意是否杀了这个受伤的角斗士。如果人们想要，那么他们就会伸出他们的手，拇指朝下；如果他们不想要，就会拇指朝上。如果他展示了他的本领和勇气，并且打得非常好，他们就会给出让他活着的手势，但是如果他打斗显得懦弱，他们就会把大拇指朝下，而这个不幸的人就会马上被杀掉。

被判死的角斗士

从战争中抓获的奴隶和俘虏会在专门为此而设的学院里训练成角斗士。那里有成百上千受训的斗士时刻准备着格斗。罗马人非常热衷于这项娱乐活动。每当有角斗比赛，就有大批的男人和女人拥入剧院。

通过给予人们大范围的、大量的这种形式的娱乐活动，庞培成了罗马最受欢迎的人物，而当人们沉浸在他的剧院里的时候，庞培正谋划着把政府的权力把持在自己的手中。

三

在这个时候，罗马统治的领土非常广阔，不仅包括意大利本土，还有希腊、西班牙、叙利亚、埃及、土耳其、瑞士，还有部分法国和德国。长久以来，一个国家接着一个国家都被罗马所征服，数百万不同民族和不同语言的人们都成为罗马的臣民。

罗马本身只是一个拥有 50 万人口的城市。它覆盖着大片区域，包括著名的七山。城中的街道狭窄而弯曲，但铺设得非常好而且干净。城市的中心有很多大型的广场，竖立着非常漂亮的建筑。还有庄严的神庙和浴池，而贵族和有钱百姓的房子也都非常大，非常豪华。许多上好的房子是用大理石砌成的，门前还有巨大的梁柱。优美简洁的家具和漂亮的大小地毯遍布整个房间。

当时罗马还有许多富人。大多数富人的财富更多地靠掠夺战败国而来。他们过着非常高贵的生活，享受着豪华的宴会和

各色娱乐活动，更有
成百上千的奴隶来侍
候他们。

　　奴隶们是一个很
大的族群，来自于罗
马在战争中征服的国
家。他们中的许多人
在自己的国家出身高

罗马的奴隶市场

贵，还受过良好教育。其中一些是医生，还有一些优秀的学者，
可以为他们的主人读读写写。最好的厨师、建筑师、裁缝和农民
都是奴隶。实际上在罗马几乎所有的熟练工作都是由奴隶完成的。

　　罗马还有贩卖奴隶的市场。要出卖的奴隶放置在平台上，脖
子上挂着标签，上面写着他们的年龄和可以从事的工作。

　　罗马的孩子读书学的是拉丁文，是他们自己的语言。他们也
学算术和历史。大多数老师是受过良好教育的奴隶。

　　总之，罗马在庞培时代非常富有而且强大，因此多年来庞培
备受欢迎。当他访问那不勒斯的时候，突然身患重病。然后，人
们通过多种方式向他显示了极大的爱心，而当他恢复的时候，全
意大利公众都对神感恩不已。在回家的路上，他经过各个小镇时，
大批的人群出来欢迎他，而当他到达罗马后，人们更是欣喜无限
地接待了他。

　　庞培此时已经受到了民众强烈的拥戴，因此他对一个野心勃

勃的罗马人——尤利乌斯·恺撒赚取民心关注甚少。但是恺撒是个意志坚强、精力旺盛的人，他已经下决心要成为罗马的统治者，而他也不知疲倦地来完成自己的目标。不过最后，庞培察觉到了恺撒的野心，但一切已经晚了。他在一场大战中被恺撒打败，不久之后就死了。这段经历我们会在以后的故事中讲到。

第二十一章　尤利乌斯·恺撒

一

在所有的罗马英雄中，最伟大的应该是盖乌斯·尤利乌斯·恺撒。他在许多方面都是一个非常杰出的人。他是一位卓越的军事家、政治家、学者和演说家。他写了一本关于他自己经历的战争史，可以说是至今流传的最好的古代史之一。它被称为《恺撒战记》，并且在所有用拉丁文教学的学校中作为课本使用。

尤利乌斯·恺撒

这个著名的罗马人高大、英俊、彬彬有礼而且性格开朗。他喜欢唱歌和讲故事，甚至在当了将军之后，他也经常像个男孩一样淘气，爱闹着玩。不过，他并不总是善良和宽厚，有时也会变得严厉和残酷。

恺撒是尤利乌斯家族的一员，而尤利乌斯是罗马第一大家族。

在一个世纪内共有四个恺撒做过罗马的执政官。

恺撒的姑姑是伟大将领马略的妻子。自然而然地，苏拉成了恺撒的死对头，并且处处与他作对。"在这个年轻人身上有许多马略的影子。"苏拉曾经这样说过。好在恺撒远走他乡，能够逃脱苏拉设置的陷阱。苏拉一死，恺撒就回到了罗马。

虽说他是一个有钱的贵族，但他很乐意跟平民百姓交朋友，而且总是支持他们的诉求。他经常在广场上对政治问题发表高谈阔论，而百姓们把他看作是他们利益的捍卫者。他们多次选他担任公职，一个接一个，就这样，他的影响力和权力不断得到提升。最后他被任命为西班牙总督，那时西班牙处于罗马的统治之下。

在去西班牙的途中，他在一个山间小村里停了一夜。其中一个同伴谈论说可能在那个小地方人们也会有斗争和妒忌，就像在大城市一样。

"我宁可在这个贫穷的小山村里当老大，也不愿在罗马当老二。"恺撒说。

恺撒在西班牙治理得非常成功，而罗马方面对他的管理也非常满意。当他回到罗马后，他们推选他担任执政官。他在担任执政官期间，通过多项卓有成效的法律。在他快40岁的时候，被任命为一支军队的司令官，而后多年的军事生涯，他也是战绩斐然。

罗马的军队是以团为编制的，也叫军团。每个军团包含3000多名士兵，他们有时也被称为军团兵。军团兵的武器为短剑和长标枪，也叫短矛。

除了矛和剑，罗马士
兵使用投石器，用于向敌军
发射石头。他们还有一种机
械装置叫作投石机，也用来
扔石头，因为这个石头比较
重，手持投石器扔不动。

罗马军团

罗马的军旗是一只鹰的雕像，竖立在杆子的顶端。每个军团
都有一面军旗，扛旗的叫作鹰旗旗牌官。军团下面设分队、连队，
而他们使用不同的军旗。

恺撒平生第一场大仗是在高卢。罗马把这个地区所有的居民
统称为高卢人，虽然他们来自不同的国家，讲不同的语言。高卢

旗牌官

人非常勇猛，但恺撒证明了自己是
一个伟大的战将，不过几年工夫，
他就征服了整个高卢。

罗马士兵对恺撒怀有十足的信
心。当他带领他们时，他们觉得胜
利是必然的。恺撒纪律严明，但平
常对士兵非常友爱可亲，并且时常
表扬他们。他自己也能跟他们一块
儿吃苦。日复一日，不管烈日酷暑、
雨雪交加，他总是走在军队的最前

投石机

面，而且战斗时总是冲在他们前面。

曾经，恺撒建了一座非常著名的桥。那时，一些日耳曼部落经常攻击罗马在高卢的朋友，因此他带着军队想要渡过莱茵河来讨伐他们。但是河上没有桥。日耳曼人之前渡河都是结队游过去，或者用小船划过去。但是一支大军不可能用这种方式过河，一来会有很多麻烦，二来也浪费时间。于是恺撒决定建一座桥。他快速安排人手开工，虽然要从树林里砍伐树木，还要运到河边，但他们只用了十天就造好了桥。

恺撒在高卢的其中一次大胜是攻克阿莱西亚的战役。这个小镇外面围有坚固的城墙，还有一支高卢大军驻守，而他们的首领是勇武的韦辛格托里克斯。恺撒大军围城，并阻止粮食从外面运入，还打败了一支来自高卢其他地方的援军。韦辛格托里克斯万般无奈，只好出城，并向恺撒投降。

征服了高卢许多地方之后，恺撒带着一支军队漂洋过海来到不列颠岛，如今称为大不列颠。当地人是一个野蛮、凶猛的民族，他们在与恺撒军队的战斗中表现得异常勇猛。但是罗马还是胜利了，并占领了不列颠岛。之后长达400年的时间里，此岛一直是罗马帝国的一部分。

韦辛格托里克斯向恺撒投降

二

恺撒在高卢和不列颠打了八年的仗。据说在这八年间，他攻克了 300 个部落和国家，占领了 800 多个城市，与 300 万人进行过战斗，还俘虏了 100 万人。他还从征服地获得了数额巨大的财富，而他自己作为胜利之师的司令官，很大一部分财富成了他的私产，因此他变得非常富有。

恺撒的巨大胜利使他成了罗马的大人物。百姓们对他们的领袖取得的成功和恺撒本人都感到由衷的喜悦，并时刻准备着以最高的荣誉欢迎他回城。

但是，恺撒此时决心要成为罗马的主宰。因此他开始谋划并实施摧毁庞培的势力，那时庞培几乎掌控了罗马的所有公共事务。

为了赢得民众更大的好感，恺撒派出了很多朋友去罗马，花费大量的金钱，通过各种方式来取悦人们。他们举行盛大的运动会和宴会；分发大量的粮食给穷苦人民；为那些在民众中有影响力的人偿还大量债务。人们知道了这些钱都是恺撒出的，鉴于他的慷慨，人们更加赞赏他，爱戴他。

庞培为了显示自己的绝对权威，此时命令恺撒把他的士兵解散回家。他说已经完成了在高卢的使命，不再需要军队。但是，庞培此时也有一支军队在西班牙，于是恺撒对他说：

"如果你解散了你的军队，我就解散我的军队。"

这使庞培大发雷霆，接着他让元老院通过一条法律，声称恺

撒是人民公敌，必须镇压下去。一个元
老问庞培，如果恺撒带着他的军队回罗
马，他会怎么做。

一个罗马士兵

"我会怎么做？"庞培带着轻蔑的
口气大吼道，"还用说吗，我只要跺跺
脚，一声令下，就会有成千上万的人出
来随我一起出征。"

那时，恺撒带着他的军队正在意大
利北部。当他听说元老院的所作所为，
他就把手下的战士召集在一起，并做了
一个动员演讲。他对他们诉说了庞培和元老院对他的不公，结束
时他说：

"这就是我对这个国家所有付出的回报。但是，如果你们，
我的勇士们，如果忠诚于我，我会回到罗马，建立一个廉洁的人
民政府。"

战士们异口同声地喊道：

"我们会忠诚于你，我们会站在你这一边，直到最后。"

恺撒将他的军队开拔，并快速穿过意大利北部，直至来到一
条小河边，那时叫作卢比孔河。它也是高卢南部的分界线。现在
这条河怎么样，没有人可以说得上来。但它应该是流向位于波河
南部的亚得里亚海的其中一条小河。

恺撒把军队停在卢比孔河旁边，并禁止任何人通过，除非有

他的命令。他在河岸边站了一
段时间，陷入了深深的思考，
似乎在决定是否要过河，又或
者放弃这个危险的举动。他现
在仍在自己任司令官的高卢境
内。如果他穿过卢比孔河，他
就进入了直接受罗马政府管辖
的领土范围。在法律上，任何
一个罗马将军没有元老院的批

恺撒过卢比孔河

准带兵入境都是一种叛国行为，可以被处以死刑。

　　"我们现在还能撤退，"恺撒对站在他旁边的手下官员说，
"但是一旦穿过卢比孔河，再想后退就晚了。"

　　当恺撒正在讲话时，一个牧羊人从附近的地里经过，用牧笛
吹着欢快的曲子。士兵围拢在他身边听他的乐曲，还有一些干脆
跳起舞来。其中一个恺撒的号兵站在士兵中间，手里拿着他的军
号。牧羊人看见了军号，突然抓住军号，走向了卢比孔河上的桥。
离桥还有几步远时，突然他就把军号放在唇边，吹起了激动人心
的军队前进的号子，并开始过桥前行。

　　"这是神的启示！"恺撒大喊一声，"让我们向神指引的地
方前进。骰子已经掷出。"

　　话音一落，他调转马头踏入河流，然后骑马过了卢比孔河，
大军紧跟而上。这是一个鲁莽的举动，即使对恺撒来说。而成语，

"他已经越过卢比孔河""骰子已经掷出"现在也被经常使用，意思是一个大胆或者危险的举动已经做出，再也没有退路。

在进入意大利途中，没有一个人来阻挡恺撒。相反，一座又一座的城市向他投降。可以说是兵不血刃。大多数地方的人们看上去非常乐意接受恺撒成为他们的统治者，并且热烈欢迎他，还款待士兵。对每一个人，他只仅有表示善意的语言，甚至对那些反对他的人也是如此。就这样，他沿途赢得了许多朋友和支持者。

罗马在得知恺撒向这座城市行进的时候，表现得惊恐不已。庞培的支持者们也感到害怕了，有钱的贵族收拾钱财和其他珍贵之物逃之夭夭。庞培也无力去保护城池对抗恺撒，而且到了最后，他也跑了。他跑到希腊，在那里组织了一支军队，准备迎战恺撒。

当恺撒到达罗马时，他没有遇到任何抵抗。进入城中时，只听到了人们热烈的欢呼声。他没有伤害任何人，但建立了一个新的政府并成立了一个新的元老院。此时，他已成了共和国的精神主宰。

在罗马的一切按他的意愿安排妥当之后，他来到了西班牙，并在那儿打败了庞培的部将。然后他返回罗马，把注意力转移到庞培本人身上。

与此同时，在由罗马控制的东部地区，庞培正忙着集结一支军队。他想尽办法，共召集了5万人马，驻扎在马其顿和希腊的沿海地带。在那里，他们等着恺撒和他的大军在穿过亚得里亚海时，给他们迎头一击。

恺撒带着 4 万军士穿过风大浪急的海面时遇到了不少的麻烦，但最终他们还是在希腊登陆了。然后两军发生了小规模的冲突，并没有发生大的战争。

这样持续了几个月。有时庞培占得上风，有时恺撒处于优势。但是很明显，两个伟大的对手都不急着冒险在一场决战中分出胜负。他们都知道失败的一方会被完全摧毁。

但是，最终两支军队在希腊一个地区——塞萨利的法尔萨利阿平原上进行了遭遇战。双方的士兵大多数都持有矛和大刀，有一些还带着投石器向对方投掷大石头，其余的拿着弓和箭。然而，战斗的大部分都是用剑解决的。

有 8 万人参加了这次战斗，每方大约 4 万人。这是一场勇敢、具有英雄气概的战斗，持续了几个小时。双方军队都很英勇，但在可怕的杀戮之后，庞培的军队最终被迫撤回大营。头几分钟，他们还能英勇地顶住恺撒士兵的攻击，不久，他们就放弃了。接下来的战斗并没有持续太长时间，庞培的大军被彻底打败了。

庞培带着少量的随从逃到了海边，然后乘船穿过地中海到达埃及。在那里，他被背信弃义的埃及国王托勒密下令杀害了。

恺撒在法尔萨利阿得到了辉煌的胜利，但他还没有成为罗马帝国的主宰。有钱的贵族和元老们组织军队在小亚细亚、非洲和西班牙与他展开了斗争。恺撒率军前往小亚细亚去打击他的敌人，并在一个叫泽拉的地方取得了大胜。这场胜利来得如此之快，于是恺撒写了一个著名的急件向罗马报信，"Veni，vidi，vici"，在英语中的意思是，"我来了，我见了，我征服了"。

他在非洲和西班牙取得了同样的胜利。在很短的时间内，他摧毁了所有反对他的军队。然后他回到罗马，举行了前所未有的壮观的凯旋仪式。

庆祝仪式持续了四天，而在这段时间里，罗马处于高度的兴奋状态。成千上万来自周围国家的人前往城中见证了这个伟大的庆祝活动。

每一天都有壮观的游行队伍，其间有众多华丽的战车，由漂亮的马拉着，上面乘着恺撒的得力干将。在他们的后面，几百个士兵扛着旗帜，上面印着恺撒指挥的重要战役的画面。成群的来自亚洲的大象和骆驼出现在队列当中，当然还有一长排的俘虏扛着恺撒从征服之地缴获来的贵重物品。

除了队列表演，还提供给人们各种各样的娱乐活动，比如戏剧、马戏表演、角斗士格斗、打猎和马车比赛。不但如此，还有丰盛的宴会供应给城里的人们。这是一个无限享乐的时期，罗马人为此非常高兴，都成了恺撒的衷心拥护者。

此时，再也没有反对他的力量。贵族和平民都愿意甚至乐意让他成为他们的统治者。他被选为终身独裁者，指挥帝国的所有军队。他也被称为绝对统治者（imperator），意思跟皇帝（emperor）一样。

人们给他冠以"国父"的称谓。公共建筑上、广场上塑满了他的雕像。一把巨大的椅子，造得跟王座一样，放置在元老院议事厅中。并且，无论他何时来听取辩论，都会坐在这张椅子上，俨然一位王者。

　　恺撒此时改进了多项法律法规来提升政府职能。他也实施了很多计划使得罗马成为更加重要的商业城市。他还建造了许多宏伟的建筑，挖掘沟渠为城市带来足够的用水，建立了大图书馆，并且做了许多其他有利于人民的事情。

　　他做的最有用的事情之一是创建了新的历法。罗马在他之前的时代，没有关于一年长度的明确知识。有一段时间，他们一年只有10个月。在此之后，他们定为12个月，但他们每年只有365天。他们不知道或者没有注意到这个事实，一年的实际长度是365天5小时48分50秒。他们不会计算额外的小时、分钟和秒。恺撒通过每四年出现一个366天来纠正这个错误。就这样，纠正后的日历称为儒略历。

　　这时候，恺撒拥有了国王能得到的所有荣耀和权力。而且，开始有理由相信，他想要成为一个真正的国王。罗马人已经500年没有国王了，也不希望再有一个。他们反对国王的情绪非常强烈，以至于统治罗马的人，即使拥有与国王相似的权力，也不敢称自己为王。

　　一天，恺撒的一个密友在公共场合以国王之礼向他致敬。恺撒回道：

　　"我不是国王，我只是恺撒。"

　　但是，一些贵族很确信他打算称王，而且还策划了一个阴谋想要在元老院里杀死他。在3月的伊德斯，也就是3月15日。罗马人在每个月都有固定的日子，它们称为卡伦戴（罗马日历的第1天）、诺内斯（古罗马历3、5、7或10月的第7天或其他月份的第5天）、伊德斯（古罗马历中3、5、7、10月的第15日或者其余各月份的第13日）。

　　参与反对恺撒的阴谋中有一个人叫朱尼厄斯·布鲁图斯，一个颇受尊敬的罗马人。据说他是5个世纪以前朱尼厄斯·布鲁图斯的后代，他曾帮助推翻暴君塔克文。朱尼厄斯·布鲁图斯也是恺撒的密友之一，但是他认为恺撒有意要毁了共和国而自己称王，因此他参与了反对恺撒的阴谋。

　　当3月的伊德斯临近的时候，杀死恺撒的密谋已经周密地筹划好了，一切安排妥当。一个占卜师抑或算命者，一天在街上拦住恺撒，并对他说，"小心3月的伊德斯"。但是这个伟大的征服者对这个警告一笑了之。

　　到了约定的日子，密谋者在元老院的议事厅相聚，准备将他们谋划的恶行付诸行动。当恺撒进入议事厅的时候，所有人起立向他致敬。他鞠了一躬，向人们微笑致意，并像往常一样坐在他的椅子上。这正是致命的一刻。

　　一切如安排好的那样，其中一个密谋者带着申请书向他走来，要求他赦免一个犯人。然后，其余的人围在他椅子周围，好像是催着他批准申请。恺撒仿佛对人群有所警觉，于是从椅子上站了起来。正在这时，一把剑从旁边刺中了他。然后，议事厅里响起一阵尖叫，并且所有人感到既兴奋又混乱。

恺撒用他的尖笔来保护自己。尖笔是一种铁制的工具，一端有一个尖头用来在蜡板上写字，而另一端用来擦写，必要时可以擦掉写错的字。因为在羊皮纸或纸上写字用的是芦苇笔。受过教育的罗马人在口袋中总带着尖笔和蜡板。从这个工具的名字衍生出来的词（style），现在表示一种特殊的书写方式。

恺撒没有别的东西，只有用尖笔来保护自己。他勇敢地抵抗着，直至看到他的朋友布鲁图斯向他攻击。这时，他大叫一声："原来还有你，布鲁图斯！"就不再做任何抵抗。

他们不断地刺向他，直到他倒地身亡。然后他们走出元老院，簇拥着布鲁图斯穿过罗马的大街小巷。他们向人们诉说他们的所作所为，并且对此感到非常高兴，还说恺撒的死拯救了罗马共和国。

恺撒之死

但是人们却非常愤怒，并且威胁要把杀掉恺撒的人处死。当他们正要这么做的时候，布鲁图斯和他的朋友们已经逃出了罗马。

安东尼发表葬礼演说

为了表示对恺撒的尊敬，人们举行了一场隆重的葬礼。他的身体被放在广场上，一个著名的罗马人——马克·安东尼在葬礼上发表了一场极具感染力的演讲。他赞美恺撒的功绩并尖锐地斥责布鲁图斯和他的朋党，至此，人们就更加痛恨他们。日后，这个马克·安东尼成了罗马极有权势的人。

恺撒死于公元前 44 年，当然他的死并没有拯救罗马共和国。实际上，它已经不存在了，只是一个名称。罗马不再是一个共和国，而是一个帝国，就像我们看到的，恺撒家族给它产生了第一个皇帝。之后，所有的皇帝都把恺撒作为他们头衔的一部分。

第二十二章　西塞罗

一

在罗马共和国后期，马库斯·图留斯·西塞罗曾经是风云一时的人物。他是一个伟大的演说家——一个迄今为止最伟大的演说家之一。他的主要演讲都被保留了下来，至今仍被人们学习和研究。

西塞罗

他经常在大庭广众之下发表演讲，而他绝佳的口才常使听众兴奋不已。不论贵族还是平民都很崇拜他的学识、口才和品格。

西塞罗是一个高大、优雅的人，还有一个聪明的头脑和一张非常英俊的脸，以及那乌黑明亮的眼睛。他是如此的受欢迎以致当选了好几个部门的政府官员，最后还当上了执政官。

在他担任执政官的初期，一些品行恶劣的罗马贵族、老兵以及其他人策划了一个诡异的阴谋来造成局势的动荡。他们的真正目标似乎没有人知道。但是据说这些阴谋家想要推翻政府，进而建立一个他们自己的新政府。

那时有一个叫作塞尔吉乌斯·喀提林的元老，很多人相信他就是这场阴谋的带头人。他声名狼藉，在某一时期，其他的元老对他很是怀疑。但是，没有证据表明他参加了任何违法的活动，因此也不能对他提出控告。

不过有一天，一个叫福尔维亚的年轻女人来见西塞罗，给了他一些关于阴谋的重要线索，还提到喀提林参与其中。她说，她有一个情人，是策划者之一，曾向她透露过一些秘密。她被吓坏了，因为她认为，如果阴谋得逞，那会在罗马引发流血事件。于是她觉得有责任向西塞罗报告这一情况。

罗马广场（图为古代场景，现在为一片废墟）

西塞罗立即赶往元老院，发表了一场轰动的演讲。他指控喀提林带头策划了一个推翻政府的阴谋。他的言辞甚是激烈。喀提林当时也在场，他无所顾忌地否认了对他的指控，并且公然叫嚣要西塞罗拿出证据来。

"如果执政官西塞罗怕我会做危害罗马之事，"他说，"我愿意交给任何一个元老处置。""我觉得把你留在城中是一个威胁，"西塞罗回道，"你希望让谁处置你呢？"

经过一场激烈的讨论之后，元老院决定对喀提林的指控暂时先放一放。

二

几个星期之后，罗马附近的一个城市里，出现了民众针对公共官员的暴动。此事起了一个巨大的警示作用，西塞罗指出，这是他指控的由喀提林组织的阴谋的开始。

然后，他急忙来到元老院，喀提林也在那里。他发表了一个针对喀提林的重要讲话，并称他是卖国贼。喀提林脸都白了，身体开始发抖。他还想狡辩，但元老们大喊大叫，还骂他、嘘他。那些坐在他旁边的人都站了起来，走到议事厅的其他位置上坐了下来，只剩下这个阴谋家独自坐在那里。最后，喀提林狂怒地跑出了元老院，并扬言要报仇，然后，跨上一匹马，策马扬鞭奔出城去。

　　不久之后，西塞罗得知了策划这场阴谋的 9 个罗马公民的名字，并逮捕了他们。他在元老院揭露了他们要杀掉元老及高级官员，还要烧掉罗马

西塞罗痛斥喀提林

的计划。元老们立刻宣布判处这 9 个人死刑，于是西塞罗处死了他们。

　　此时喀提林逃到了亚平宁山上，并且纠集了一支 2 万人的军队。罗马也派出了两支军队来讨伐他。一场大战开始了，喀提林兵败自杀。

　　就这样，所谓的喀提林阴谋结束了。西塞罗的行动帮助摧毁了这个阴谋，也极大地赢得了罗马人的心。在元老院，他受到了诸多的夸奖和荣誉，甚至还有人称他为"国父"。

　　安东尼不喜欢西塞罗，因此当三头政治形成之后，这个伟大的演说家就被安东尼下令处死了。

第二十三章　奥古斯都

一

在长长的一大串罗马皇帝名单上，居首位的是屋大维，史称奥古斯都。他是尤利乌斯·恺撒的甥孙。虽说恺撒死的时候，他才 20 岁左右，但他雄心勃勃。他经常说，有朝一日他会成为罗马帝国的领袖。

"我要像恺撒一样统治罗马，"他跟他的伙伴们说，"现在你也许会笑话我，但是我成为罗马的主宰那一天终究会到来。"

恺撒死后不久，屋大维开始积极参与政治事务。此时，罗马掌控在马克·安东尼手中，凡事都得听命于他。他曾是恺撒的密友，指挥着恺撒的其中一支军队。虽然他取

奥古斯都时代

得了很大的权力，但贵族和平民都很不喜欢他。他是一个拙劣的统治者，人们都对他不抱信心。

一次，安东尼想要阻止屋大维当选为百姓的护民官。"即使你百般阻挠，我还是会成为护民官的。"屋大维说。而他为了取得这个职位，竭尽全力地扑到了工作上面。选举那天虽然竞争激烈，但他还是成功了。

在此之后，屋大维恨透了安东尼，并且秘密策划让他垮台。他的意图终于实现了。他从一个护民官开始，稳打稳扎，逐渐取得更重要的职位。最后，他获得了军队的指挥权并领军前往意大利北部，因为那里正进行着一场战争。到了这个地区后，他遇到了安东尼和他的部队。两人吵了起来，最后还打了起来。随后，屋大维的军队和安东尼的军队也打了起来，战况惨烈，北部平原几乎被染红了。

当战斗进行了一段时间后，屋大维派人到安东尼那里请求停止战斗。他假装对挑起与安东尼之间的斗争表示非常歉意，并表示要跟他交朋友。

"让我们成为朋友一起共事吧，"他对安东尼说，"把我们的军队联合起来，那样我们可以做一些有意义的事。"

然后战斗就停止了，两位将军还开了个会。两人同意整合双方的军队，不过要再邀请一位将军，他叫雷必达，也有一支大军，要让他也加入他们。雷必达接受了邀请，并过来与安东尼和屋大维举行了会谈。他们一致同意三人一起治理罗马的计划。这种统治方式或政体，叫作三头政治，屋大维、安东尼、雷必达，称为"triumvirs"，就是三巨头的意思。

二

在一切安排妥当之后，安东尼、屋大维、雷必达带着军队前往罗马，占领了这座城市。然后他们把平日里认为的敌人都赶尽杀绝。在此期间，2000多个罗马人被杀害。他们还想杀掉布鲁图斯，好在他此时正在希腊。自从恺撒死后，他就去了那里，并组织了一支军队来对抗安东尼和他的朋友。于是安东尼和屋大维带领军队去希腊征讨布鲁图斯。两军在马其顿的菲利比相遇了，随后展开了一场激战，布鲁图斯战败。战斗结束后，布鲁图斯要求他的一个奴隶杀死他。奴隶不想这么做，但布鲁图斯仍然逼迫他，他只好拿出了剑，然后布鲁图斯扑了上去，自杀而死。

传说，在菲利比战役之前，当布鲁图斯坐在营帐之中时，一个幻象抑或是一个幽灵来到他面前，对他说："我是你的索命鬼，布鲁图斯，我们会在菲利比再见的。"也有人说，这个幽灵在战斗前夜出现在布鲁图斯面前，告诉他，他的死期快到了。

再也没有人阻挠安东尼、屋大维和雷必达了，他们在罗马几乎可以为所欲为。不过对元老院和民选的政府官员，他们还一直假装得极为尊重。

不久之后，安东尼来到隶属于罗马的几个东方国家，雷必达去了非洲。屋大维留在罗马处理事务。然后，他开始谋划如何摆脱安东尼和雷必达，这样他就可以独揽大权了。为了实现这一目标，他筹备了一支大军，决定要与他的对手们开战。

那时，庞培之子塞克斯图斯·庞培掌控着西西里岛。他总是给屋大维制造麻烦，雷必达也亲自带着人马从非洲前来帮助他。一天，屋大维带着几千人马乘船从地中海前往西西里岛，消灭了塞克斯图斯的军队，还把雷必达的部队从他身边引开，活捉了雷必达。

"现在是时候消灭安东尼的势力了。"当他从西西里岛回到罗马时，屋大维对自己说。于是他来到元老院，控告安东尼在亚洲和非洲犯了叛国罪，并且要求向他宣战。元老院宣布开战，而屋大维便开始着手准备工作。

安东尼当时正在埃及，听到宣战的消息，他轻蔑地嘲笑屋大维想要与他抗衡的主意。随后他召集了一支超过 10 万人的大军和一支几百艘战船的舰队，迎战屋大维。与他同行的还有埃及艳后克里奥帕特拉七世，之前两人已经结婚，而且她自己也带着一支由 60 艘船组成的舰队。

屋大维手下的士兵和战舰的数量与安东尼相当。两支舰队在希腊沿海一个叫亚克兴的地方相遇，展开了一场大战。在几小时的战斗里，双方都很勇敢，但都没有占得上风。不承想，克里奥帕特拉七世带着她的舰队逃跑了，安东尼只好带了几艘船也赶快跟着走了。就这样，战斗还没结束，他就抛下了他的军队跑了。

被抛弃的舰队水手和士兵只支撑了很短的时间，就向屋大维投降了。几天后，安东尼军队中驻扎在亚克兴附近海岸的部分也投降了。

安东尼和克里奥帕特拉七世返回了埃及。之后，他的朋友和支持者逐渐离开了他，而他的权力也随之消失了。不久之后，他刺了自己一剑，就这样死了。据说克里奥帕特拉七世也是自杀的，她将一种叫角蝰的毒蛇放在自己手上，让它咬了一口，继而毒发身亡。

三

屋大维继续在帝国的其他地方征战，直到打败了所有敢于反对他的人。然后，他带着荣耀和财富回到了罗马，并立刻让所有人知道他将成为政府的掌控者。不过，他通过假装保护人民的权利，让他自己当上了执政官还兼任其他高级职位进而扩大权力。还有成千上万的士兵随时听命于他，最后可以说他跟皇帝没什么区别了。

元老院问他是不是要任命他为终身独裁官，他认为还是不要接受这个官职为好。然后，元老院授予他奥古斯都的称号，意思是他是值得尊敬的。拉丁词汇奥古斯都（augustus）的意思是神圣的。他自称皇帝，还叫作恺撒·奥古斯都皇帝。此后，一直到死，都是由他统治着罗马，大约有 27 年的时间。而当奥古斯都

称帝之后，罗马共和国其实已经不
存在了。

禁卫军

　　所谓的罗马禁卫军是由奥古斯
都亲自组建的，用来保护他并维持
帝王的威严。这些禁军大约有 1 万
人，都是由帝国最值得信赖的士兵
组成的。每个士兵级别、薪水都很
高，而且必须要服役多年。无论什
么时候，只要奥古斯都出现在公共
场合，都有几个禁卫军士兵跟着他。
他们穿着制服、带着闪闪发光的佩剑和枪矛，看上去威风凛凛。

　　奥古斯都对政府做了多项有益的改革。他还大大地提升了平
民的生活条件。他手下最主要的两位大臣阿格里巴和梅塞纳斯，
都给了他非常有价值的帮助。

　　无论何时，这些聪明的大臣只要看到罗马人变得心神不宁进
而开始抱怨，他们就会向皇帝建议分发粮食或者钱财给穷人，或
者用大型演出来娱乐大众。奥古斯都也会采纳这些建议，并且通
过这样做，使他变得非常受欢迎。

　　在他漫长的统治生涯中，奥古斯都建造了许多华丽的宫廷、
神庙和其他建筑，它们都竖立在罗马城中。这些建筑使城市变得
非常漂亮。奥古斯都还在帝国各个地方建造了许多城市。他支持
文学和艺术的发展，而他本人也是一位作家。著名的罗马诗人贺

拉斯、维吉尔、瓦列乌斯和奥维德都生活在他这个年代。还有历史学家李维也生活在这个时代，他记述了罗马最早期到他这个时代的历史。维吉尔是著名史诗《埃涅阿斯纪》的作者，它讲述了特洛伊英雄埃涅阿斯的流浪和探险经历。

　　在奥古斯都统治期间，耶稣基督诞生了，就在巴勒斯坦小镇伯利恒，也就是西南亚的朱迪亚，当时也是罗马帝国的一部分。

贺拉斯、维吉尔、瓦列乌斯、梅塞纳斯

第二十四章　尼禄

一

公元 14 年，奥古斯都逝世，他的继子提比略当上了皇帝。他是一个残忍的暴君，处死了很多人，只是因为他想当然地认为这些人是他的敌人。罗马皇帝只要高兴可以处决任何人。如果他不喜欢一个人，他就可以给他定个罪名，然后命令手下将他杀掉。提比略用此法杀了很多人，但他自己也被禁卫军司令或者统帅所杀。接下来的两个皇帝是卡利古拉和克劳狄乌斯。他们也都是暴君，还无缘无故杀了很多人。据说卡利古拉希望所有的罗马人聚集在一起只有一个头，这样他就可以一刀砍了它。

但是，下一个皇帝仍然是一个大暴君。他的名字叫尼禄，于公元 54 年成为皇帝。他是邪恶女人——小阿格里皮娜的儿子。此女嫁给了当时的皇帝克劳狄乌斯，并让他任命她的儿子尼禄成为继承人，从而取代他自己的小儿子布里塔尼古斯。然后她毒杀了克劳狄乌斯，让尼禄当上了皇帝。

尼禄是一个高大、威猛、英俊、聪明
的年轻人。他喜欢运动，还能演奏多样乐
器。当他当上皇帝的初期，看上去慈爱而
且善良，还做了很多好事。一天，有人呈
上一个犯人的死刑批准书，要他签字处决
的时候，他大声说道：

尼禄

"我希望自己从来没有学过写字，这
样我就不用签字而杀人了。"

这时，所有在他旁边的人都哭了：

"我们的皇帝是多么高尚的年轻人啊。他的心地是多么的善
良啊。"

但是，过了不久，人们发现尼禄一点也不善良、不仁慈，而
且还是一个残忍、心术不正的人。

他的母亲小阿格里皮娜希望当她儿子当上皇帝，她自己就会成
为真正的主宰，可以按自己的意愿来统治罗马。她认为，尼禄只不
过是一个孩子，他不会愿意关心政府事务并把重担扛在自己身上的。

因此小阿格里皮娜暂时统治了罗马。她处死一个自己讨厌的
女人，还惩罚了几个以前冒犯过她的人。她让罗马最富有的一些
人为她支付大笔的开销。但尼禄很快废除了她母亲的权力。一天，
他对她说：

"我是帝国的统治者，不是你。你自己没有权利行使任何权
力，而且必须不能再这么做。无论何时，你想要做什么事，必须

经过我的同意才能为你做。"

　　"经过你的同意？"阿格里皮娜一怒之下，大喊道，"你怎么能这样跟我说话，是谁让你当上皇帝的？你这个皇帝，不是合法的皇帝。帝国真正的继承人是你的继弟——克劳狄乌斯的儿子，年幼的布里塔尼古斯。"

　　然后，尼禄和他母亲发生了激烈的争吵，到了最后，他把她赶出了皇宫，并命令她永远不要再回来。

　　但是，她所说的话使他耿耿于怀。他害怕布里塔尼古斯会成为皇帝，于是他决心要尽快除掉他。

　　这个时候，罗马有一个可怕的女人叫洛库斯塔，她制作毒药并秘密向需要的人出售。一天晚上，尼禄来见这个女人，说道：

　　"给我做一种烈性毒药，强烈到它能在瞬间杀死一个人。"

　　洛库斯塔做好毒药给他。他在猪身上试了一下，不一会儿猪就死了。

　　"哈！"他说，"这个应该有用。"

　　此时，布里塔尼古斯与他继兄一起住在宫中。第二天，当宴会准备就绪后，尼禄在给他喝的一杯酒中放了一些毒药。布里塔尼古斯刚一喝下它，就倒在地板上死了。此时，尼禄对在座的客人说：

　　"不要紧张，没有什么，我可怜的继弟经常昏倒的。"

　　侍者将布里塔尼古斯拖出了房间，而宴会照常快乐地继续进行。

二

在他毒害他继弟不久，尼禄下决心要把他的母亲也除掉。他怕只要她还活着他就当不稳皇帝。有朝一日，她会挑动民众来对付他。于是他过去看她，假装对他过去虐待她的行径表示歉意。他吻了她，亲切地爱抚着她，就这样，她被他完全骗了。

然后，这个无情的儿子制订了一个淹死他母亲的计划。他先造了一艘船，上面的螺栓和钉子可以拔出，拔出后船就会散架沉入水中。然后他雇了一个缺德的船长以及他的船员，嘱咐他们按照命令行事，再接着把她的母亲骗上船到台伯河上一游。

阿格里皮娜带了一个女仆一起登船。她心情非常不错，因为她的儿子像她想的一样，对她非常好。当船来到了河中深水区时，水手们把螺栓和钉子拔了出来。然后船就开始裂开，慢慢沉了下去。

水手跳入水中向岸边游去，而阿格里皮娜和她的女仆则从甲板上掉到了水里。女仆被一个水手给杀了，但是阿格里皮娜却被一船渔民给救了。

当尼禄得知母亲逃跑了，显得非常焦虑。他相信，此时她会竭尽全力把他从王座上赶下来。于是他派了几个人去她家里杀了她，他们用极其残忍的方式完成了这个任务。

三

　　在尼禄之前，没有皇帝住得如此富丽堂皇。他在罗马有一个华丽的大理石宫殿，里面陈列了数不清的漂亮家具、金银饰品以及最好的艺术作品。他还在宜人的地中海沿岸建了几栋房子用来在夏秋之际避暑。无论他走到哪里，他都带着三四百名衣着艳丽的男女，就像在朝中的感觉，也可以作为他的玩伴，同时还带着许多奴隶服侍他们。他们坐在战车之中到处游玩，而这些战车更是由象牙和黄金镶饰而成，前面还有漂亮的高头大马拉着。

　　尼禄以在宫中举行盛大的宴会而闻名。桌子上摆满了最稀有、最昂贵的食材和美酒。当宴会结束后，一群演员和舞者会表演各种节目，直到深夜。

　　有时，在宴会当中，尼禄会表演竖琴和长笛，而有时会表演一段戏剧或者朗诵他自己创作的诗歌。他是一个非常有才情的音乐家和演员，还写得一手好诗。

　　一天傍晚，罗马爆发一场大火，烧了整整一个星期。半个城市被烧掉，还有成百上千的人丧生。一些罗马人说，这是尼禄放的火，还阻止它被扑灭。在大火持

尼禄时代的阿庇乌大道

续燃烧的六天里，大多数时间他都在一个高塔上，享受着火景。他演奏着竖琴，唱着愉快的歌谣，接着朗诵起了描写古老城市特洛伊大火的诗篇。

大火被扑灭之后，尼禄说，这是由基督教的信众引起的。这个时候罗马有大量的基督教徒。不过，大多数罗马人还是信仰他们原来的非基督教神灵，并且憎恨和虐待基督徒。

当尼禄宣称是基督徒引起了这场大火的时候，人们开始用残酷的方式迫害他们。许多基督徒被吊死，一些被泼上沥青烧死，其他的由野狗追猎致死。在迫害的这段时间里，使徒保罗被砍头，还有使徒彼得被钉死在十字架上，就像耶稣基督被钉死时一样。

过不多久，罗马被重建得比从前更加辉煌了。尼禄为他自己在帕拉蒂诺山建了一座巨大恢宏的宫殿。这个宫殿里面摆满了众多的黄金饰品，以至于被叫作"黄金屋"。

尼禄治理帝国的方式非常严酷、残忍。他经常把无辜的男女，甚至他自己的朋友处以极刑。他曾经一激动把他妻子给杀了。他可以说是恶贯满盈，最后罗马人厌倦了暴君的统治，于是策划了一个阴谋来推翻他，然后让其他人当皇帝。

但是，阴谋没有成功，因为一个奴隶听

罗马房屋中的女子庭院

到这一切，然后去尼禄那里告诉了他。禁卫军抓获了主要的策划者并将他们处死。然后，尼禄变得比以前更加肆无忌惮。他甚至控告他以前的家庭教师塞内加和著名诗人卢肯也参与了这个针对他的阴谋，然后，下了一道命令叫他们自裁。塞内加是一个善良的人，还是一位大作家。当他收到尼禄这个无情的命令时，他知道如果他不执行这个命令，暴君就会派某个人来杀他，于是他割断了手上的静脉，在痛苦中慢慢死去了。卢肯也执行了暴君的命令。在临终前他嘴里还念叨着他写过的几句诗。

四

这个穷凶极恶的皇帝统治了 14 年，但最后出现了一场反对他的起义，士兵们拥立了罗马驻西班牙的总督——加尔巴为新皇帝。

这时候，尼禄表现得像个可怜的懦夫。他害怕再待在罗马，因为大多数人因为憎恨他而支持加尔巴。于是他跨上一匹战马跑出城外，到了一个可信赖的奴隶家里。但是在那里，他收到的消息说，元老院判了他死刑，并派出骑兵来抓他了。

"现在，给我挖一座坟，"他对奴隶说，"我要自杀。"

正在这个时候，马蹄声传到了耳边。

"听，他们来杀你了，"奴隶说，"需要的时候用这把匕首来自裁吧，或许可以免受屈辱。"

尼禄之死

　　尼禄颤抖着手把匕首放到在喉边，但是没有勇气刺进去。这时奴隶抓起匕首猛地刺进了皇帝的喉咙，而穷凶极恶的尼禄也终于一命呜呼了。

第二十五章　提图斯

一

尼禄死后两年时间里，一共有三个皇帝，加尔巴、奥托和维特里乌斯。他们都是罗马的大将，而且都是由士兵给他们黄袍加身的。但是，他们每个人都只统治了几个月，也没做出什么重要的举措。

维特里乌斯是贪吃的人，只对吃喝感兴趣。他没受到邀请也会经常光顾富裕的罗马人家里大吃大喝。在这家吃完了早饭，再换一家吃午饭，然后再换一家吃晚饭。早餐吃完了之后，就想着怎么吃午餐，午餐吃完了就想着晚餐吃什么。

下一个皇帝是提图斯·弗拉维乌斯·韦帕芗，通常称为韦帕芗。他也是一名军队的将领。当他被手下士兵拥立为皇帝时，他正在巴勒斯坦。是由尼禄派他去那里征剿犹太人反对罗马的起义的。当他宣布称帝之后，就马上回到了意大利，而留下了他的儿子提图斯·弗拉维乌斯，史上简称提图斯，继续与犹太人战斗。

提图斯凯旋门

提图斯围城六个月，终于攻克了耶路撒冷，他的士兵还抢走了所有他们能找到的贵重物品，然后一把火把城市烧成了灰烬。著名的神庙也因此毁于一旦，由此也印证了耶稣的预言：没有一块石头留在石头上不被拆毁。当提图斯取得了辉煌的胜利之后，回到了罗马。一座漂亮的拱门为了纪念他的丰功伟绩而建了起来。这个拱门至今仍矗立在那里。

二

韦帕芗死于公元 79 年，然后提图斯登上了皇位。在提图斯统治期间，其中一个显著的政绩就是完成了由他父亲发起建造的罗马圆形大剧场。

圆形大剧场是世界上最大的剧场，可供 8 万人同时观看。最初它叫作弗拉维圆形露天竞技场（Flavian Amphitheatre），是由建造它的皇帝的姓氏命名而来的。里面的座位是绕着拳击场或者说竞技场设置的，单词 amphi 意思就是周围，他们称这个伟大的建筑为圆形竞技场。之后，它又被命名为圆形大剧场。希腊人用这个词（colossus）统称大型的雕像，因为弗拉维圆形露天竞技场

圆形露天竞技场今景

是如此之大，因此被叫作圆形大剧场。在英语中用单词 colossal 来形容巨型事物。

在圆形大剧场中，他们进行很多种娱乐活动。当它第一次开放的时候，表演和运动会整整持续了 100 天，5000 只野兽在竞技场被角斗士杀掉。竞技场是一个开阔的场地，外边由结实的围墙围住，墙的外面围着环形阶梯，或者说一排一排的像台阶一样的座位。有时候，竞技场用管子引水之后，可以变成一个湖泊。然后他们把船放上去，用假的战斗来模仿海战。这种表演被叫作 naumachia，意为海战演习。它是由尤利乌斯·恺撒引进的，他曾在战神广场挖了一个湖用作海战演习。

圆形大剧场至今尚存，但是部分已成废墟。通过照片，展示出来现在的模样，我们可以想象这个建筑当年是多么的恢宏。

除了圆形大剧场，皇帝提图斯还建了许多豪华的浴场，它们被称为提图斯浴场。罗马人非常喜欢沐浴，有钱人经常一天要洗

罗马浴室

好几次，经常在装饰一新的浴场里，一待就是大半天。

在提图斯执政期间，意大利南部的庞贝城和赫库兰尼姆城被喷发的维苏威火山给毁灭了。著名罗马作家小普林尼从远处看到了火山喷发的全过程，并写了下来。他说，一团火热的云状物从山顶爆发出来，里面夹杂了煤渣、石头和灰烬，然后像雨一样落在周围的地区，埋没了小镇、村庄和居民。1709年，工人们意外发现了赫库兰尼姆城的废墟，几年后，庞贝城的遗址也被发现了。

提图斯是一个好皇帝。他尽心竭力为人民谋福利、找快乐，因而人人都非常喜欢他，并称他为"快乐之星"。据说，如果有一个晚上，他想到白天没有做什么对人民有益的事情，他就会大喊："我浪费了一整天。"

第二十六章　图拉真

一

　　提图斯死后，他的弟弟图密善当上了皇帝。他是一个非常恶劣的人，以残忍邪恶为乐。据说，他的娱乐活动之一就是抓苍蝇，然后再把它们用钉子钉死。一次，当一个来访者来拜访并询问是不是有人陪着皇帝，仆人回答说："没有，连一只苍蝇也没有。"

　　很难想象这样一个皇帝会受到人民的爱戴。甚至他的士兵也讨厌他，最后他们策划一个反对他的阴谋，在他的行宫杀死了他。尼禄的宠臣涅尔瓦，当上了下一任皇帝，但他年事已高，只统治了两年就去世了。他的皇位由他的养子图拉真继承，图拉真于公元98年即位，并且统治了19年。

图拉真

图拉真是一个善良的人，也是一个勇敢的战士。在他登上皇位前，曾是罗马在莱茵河区域德意志领地或行省的总督，居住在科隆尼亚，即现在的科隆。

在回到罗马后不久，图拉真参加了与达契亚国王的战争。这是一个位于多瑙河北部的国家，现在它的大部分地区归属于匈牙利。达契亚国王戴凯巴路斯，经常入侵属于罗马的邻国，还抢劫杀害了许多人。图拉真下决心要惩治戴凯巴路斯，于是亲率大军前往达契亚。因为达契亚人英勇善战，这场战争持续了三年。但是最后，戴凯巴路斯在一场大战中被打败了，无奈之下只好求见图拉真，低声下气地乞求和平。他同意成为罗马的属国，这就意味着他的王国要接受罗马皇帝的控制。

但是不到一年，戴凯巴路斯又一次袭击了他的罗马邻居，图拉真又一次带兵征讨他。达契亚人在一场大战中又被打败了，这一次戴凯巴路斯企图逃跑，但没有成功，只好自杀了。之后，达契亚成了罗马的一个行省。

在这一年里，图拉真建了一座著名的横跨多瑙河的大桥。在那个时代之前，桥是用木头建造的，但是多瑙河上的桥，图拉真是用巨石来做桥墩，还有22道拱门。从残存的遗迹来看，它当年是多么绝妙的一个工程。

图拉真打败戴凯巴路斯之后，就回到了罗马，还举行了盛大的凯旋仪式。各种为庆祝他而举办的运动会和表演活动整整持续了120天。据说，这次庆祝活动，有1万名角斗士在圆形大剧场进行了格斗，还有 1.1 万头野兽在竞技场被杀。

二

图拉真在亚洲也进行过战争，并且取得多次胜利。他曾征服过亚美尼亚和美索不达米亚，把它们并入了帝国的版图。但是，他没有活着回到罗马，死在小亚细亚的一个小镇上。为了纪念他，这座小镇被叫作图拉真波利斯（"图拉真城"的意思）。

罗马人因图拉真的死而悲痛不已，因为他是一个明君，对人民实施了很多善政。意大利本土和其他行省一些道路、沟渠和大桥都是图拉真修建的。他还大幅改进和美化了马克西姆斯竞技场，也就是罗马进行马赛和车赛的地方。它建在帕拉蒂诺山和阿文丁山之间的山谷中，可以同时容纳 25 万人。

大竞技场

战车比赛

　　图拉真还在罗马建了一个广场，以纪念他在达契亚取得的胜利，并以他的名字命名。广场的中央竖立着图拉真柱，它的周围是这个好皇帝所造的各种神庙和图书馆。在图拉真死后的很长一段时间里，每当罗马人民迎来新皇帝时，都希望他会"像奥古斯都一样伟大和图拉真一样英明"。

　　图拉真时期，罗马城中还生活着一些伟大的作家。其中一位为普鲁塔克，他写了一本著名的书，叫作《希腊罗马名人传》，里面包含许多伟大的希腊和罗马人物的传记。历史学家塔西佗、诗人尤维纳利斯和前文提到的小普林尼，也生活在图拉真时代。

　　之所以称为小普林尼，是为了与他的叔叔老普林尼区别开来。老普林尼生活在尼禄时代，著名的《自然史》就是他写的。

第二十七章 马可·奥勒留

一

下一任皇帝是图拉真的远亲哈德良。他也是一位明君并为罗马的发展做了许多贡献。他亲自巡游各方来视察各级官员是不是治理有方，是不是尽职尽责。他巡视过不列颠，那时是罗马的行省，并发起建造了一道坚固的城墙，从东边沿海到西边沿海，沿着苏格兰贯穿整个国家，以防止这个野蛮的北方民族来攻击南部的罗马居民。这道城墙的遗址现在还可以看到。

哈德良在罗马还建一个巨大的坟墓，称为哈德良之墓，他和其他许多罗马皇帝被葬在这个坟墓内。现在被称为圣天使堡。

当哈德良逝世后，有一个非常忠厚的人叫安敦尼，他当上了皇帝。他对哈德良显露出如子女般的孝敬，并建了一座神庙纪念他，于是他又被称为安敦尼·庇护。在他统治之前，皇帝们对待基督徒非常残忍。他们不能有教堂或者礼拜的地方，其中很多人更是用最可怕的方式给处死了。基督徒还经常被推进圆形竞技场

哈德良之墓，现在的圣安吉洛堡

中的竞技场被野兽吃掉。

在那个时代，罗马的基督徒为了葬身之处挖了一些地下通道，同时也在那里举行宗教集会。它们被称为地下墓穴，就建在城市的城墙附近，总共有几百公里长。通道的两边是空心隔层，从上至下，一格一格，里面埋着死人。近年来，许多地下墓穴已经被开发利用起来。它们成了景点，来罗马的游客总是非常有兴趣去参观一下。

安敦尼·庇护对基督徒非常友好。他下令允许他们实施宗教活动，并且任何干涉他们的人要受到惩罚。

下一任罗马皇帝是一个非常卓越、非常圣明的人。他的名字叫马可·奥勒留，在位 20 年，可谓治国有方。他在公元 161 年开始当政，是明君安敦尼的养子。在安敦尼死前一段时间，他就任职高位，并协助皇帝治理国家。

他一当上皇帝，就邀请了一个年轻人维鲁斯与他共享皇位。维鲁斯也是安敦尼的养子。奥勒留这种大方的行为惊呆了所有人。在此之前，没有一个罗马皇帝愿意让渡一半的权力给别人。而且对人们来说，奥勒留这样做看上去很奇怪。但奥勒留说：

"我认为我的养兄有权利和我一起成为皇帝。"

就这样，维鲁斯与奥勒留同登帝位，这也是罗马第一次两帝共治。维鲁斯对奥勒留非常尊重。他对政府事务很少自行其是，都会先征求奥勒留的意见。但是，公共事务他做得并不多。他对当皇帝也不是很在乎，而是把主要时间花在寻欢作乐上。他不是一个好青年，其行为给奥勒留留下了很大的悲哀。但是 9 年之后，维鲁斯死了，在以后的日子里，奥勒留成了唯一的统治者。

在他青年时代，奥勒留在帝国最好的老师指导下学习，因此受到了良好的教育。他对知识总是有一种热切的渴望，而且从不间断学习。即使在战争期间，上战场打仗的时候，身上也带上一本书，战后更是时常在帐篷里刻苦学习。他可以说是罗马最博学的皇帝，而他身边最亲密的朋友也都是学者和作家。

当他 12 岁，还是一个男孩的时候，他就加入了斯多葛学派。斯多葛学者是希腊著名的智者或者说哲学家——齐诺的追随者。他教育人们在行为准则上应该具有理性和道德，并且在任何环境下都要保持平和和勇敢的心态。他还说，人不应该表现出喜怒哀乐，而是要控制他们的情绪和冲动，对无能为力的事情要接受而不是抱怨。

齐诺的追随者被称为斯多葛学者（Stoic），从希腊词汇（stoa）而来，意为有顶的石柱廊或者走廊。那是因为齐诺传授他的教条都是在雅典有顶的走廊里面。

皇帝奥勒留是最出色、最虔诚的斯多葛学者之一。他谨小慎微，时刻训练自己控制情绪，而且做到处事正直诚实。罗马人从来没有过这么纯洁、这么高尚的皇帝，也没有哪个皇帝这么受尊敬、这么受爱戴。他的生活方式极其简单，家里没有吃闲饭的家臣，只有少许的仆人。他也从来不出席奢侈的宴会和各种娱乐活动。他把他的大部分薪水都用来改善贫民的生活条件，还为他们的孩子创造好的教育环境。

　　他习惯穿着朴素的衣服走在罗马的大街上，只跟着一个贴身奴隶。他向欢迎他的人群鞠躬致意，并露出自然的微笑。任何人都能靠近他和他自由地交谈。他还鼓励人们向他诉说困难，这样他可以知道如何去帮助他们。

　　他授予元老院多项权利，因为他认为这是应该的，还恢复人们被以前的皇帝剥夺的许多权利和特权。所以也就不奇怪罗马人热爱他，称他为好人了。

二

　　但是奥勒留统治期间总是麻烦不断。统治的初期，台伯河泛滥成灾，横扫罗马的大片区域，夺去了很多生命。在此之后，还发生了可怕的地震、毁灭性的火灾和其他严重的灾难。

　　当然还有许多战乱。有一场是跟帕提亚人的战争，帕提亚是一个勇敢、好战的亚洲国家，它消灭了一支罗马军队，又入侵了叙利亚。于是罗马派大量军队上前线对付帕提亚，很快征服了他们，他们被迫向奥勒留表示臣服。

　　帕提亚骑兵有一种奇特的作战方式。他们以弓箭和一种叫标枪的小型枪矛为武器，并且身骑快马。他们假装对罗马军阵的尾部发动进攻，而当罗马人调头回击的时候，他们快马加鞭，就像风一样跑掉了。当马全速奔跑时，他们在马鞍上转身要么投出标

奥勒留凯旋

枪，要么用弓箭射击，可谓百发百中。

　　帕提亚战争之后，罗马人又与一群野蛮的部落发生了战争，也就在如今的奥地利和匈牙利。这些部落通过起义来反抗罗马的统治者，而奥勒留经过多年的苦战终于镇压了他们。可以说，他是一个非常英勇而且能干的大将，也取得过多次辉煌的胜利。因此，他最后教训了这群野蛮人，让他们知道如何尊重和服从统治他们的罗马人。

　　一次，奥勒留正在与一个叫夸迪的部落作战，他的将士在一个小石谷中被敌人包围了，其间干渴难耐。突然，天空一片乌云密布，刹那间大雨倾盆。渴极了的士兵用他们的头盔接住雨水，咕咚咕咚喝了下去。

　　在他们喝水的时候，阵型是乱的，夸迪人大队人马乘机进行了偷袭。罗马人眼看就要被斩尽杀绝，一场猛烈的雹暴伴随着电闪雷鸣向他们袭来，战斗因此被中断。当雹暴平息之时，罗马人在雨水滋润下精神得到了恢复，然后与夸迪人展开了勇敢的战斗，取得了伟大的胜利。

　　一些罗马人相信，这个救

奥勒留接受帕提亚人的敬意

他们于危险的紧急风暴，是当时随军的非洲男巫施展法力引来的。但是，军队里有一个军团的士兵是基督徒，大约有 3000 人。他们之前也向天求雨，因此他们更愿意相信雨是他们祈祷的回应。他们说这是神降下的奇迹，以证明基督教的真实性。

这时，奥勒留是非基督徒。他的某些基督士兵想要试着转变他的信仰，但他们没有成功。他从生到死都是非基督神的信仰者。但是，这次奇怪的风暴之后，他好像更加尊重基督教了，并且把他的基督军团命名为"雷鸣军团"。

三

一次，一个叫阿维狄乌斯·卡西乌斯的罗马军亚洲司令，策划了一场针对奥勒留的起义。准备停当之后，卡西乌斯宣布他自己为皇帝并带兵向罗马进军，想要占领罗马城。奥勒留召集了他的军队来迎击卡西乌斯。但是没有碰面，因为卡西乌斯被他的部下所杀，而起义军也快速土崩瓦解。

那些曾经援助过卡西乌斯的人被带到奥勒留面前来接受惩罚。但皇帝没有惩罚他们。

"不，我不会伤害他们，"他说，"我想我治国真诚、公平，所以不会害怕阴谋。我可以放心地宽恕反叛者。把所有卡西乌斯的朋友都放了吧，他们应该被同情而不是被惩罚。"

奥勒留一生非常勤奋，从不浪费他的时间。参加在圆形大剧场的运动会、娱乐活动以及观看马戏表演是皇帝的一种职责。奥勒留在现场的时候，对这些活动毫无兴趣，只是坐在为他特制的适合办公的元首椅上，把他的时间花在更有意义的工作上面。有时，他会阅读

罗马圆形广场中的斗牛比赛

他最喜爱的书并从书上摘录笔记；有时他会向大臣口述信件或者政府命令。成千上万兴奋的罗马人在他周围高声呼喊，表达对竞技场里各种活动的激动之情，但是奥勒留一点也不为所动，继续做着他手头的工作。

"我不希望坐在这里无所事事，浪费我的时间，"他说，"浪费时间是最大的犯罪。"

就这样，永远不允许自己闲下来的奥勒留，做了许多有意义的事情。他在罗马和其他意大利城市建立了好的学校和医院。他还引进了一些新的行业，这样穷人就可以过得比以前好了。

奥勒留总是给艺术和文学提供巨大的支持。他欢迎作家和艺术家来罗马，还常常和他们交朋友。他还兴建起了图书馆和绘画雕塑场馆。他自己也写了好几本书。

据说，奥勒留虽然德行出众，不过他的生活并不快乐。帝国

在他的统治过程中有过严重的动乱，而作为统治者，事情多而烦，也常常给他很大的压力。他很爱他的妻子，但她并不配合他的工作，还给他带来焦虑。唯一的儿子也是一个纨绔子弟。

因此，奥勒留生命的后期总是闷闷不乐，脸上几乎看不到微笑。公元 180 年，他就在今天的维也纳城与世长辞。

第二十八章　君士坦丁大帝

一

　　马可·奥勒留之后的 100 多年里，没有一个罗马皇帝有所建树，他们几乎全是昏君，许多因为罪恶昭彰而死于非命。

　　公元 307 年，罗马帝国因为军队将领间的矛盾和战争，最终导致四分五裂。经常有军队会宣称他们的司令为皇帝，而他也就成了一方的霸主。于是，在这种情况下，至少有六个人被宣称是皇帝。

　　他们之中没有一个有所成就，除了君士坦丁皇帝，也就是人们所称的君士坦丁大帝。他是前任皇帝君士坦乌斯的儿子。君士坦乌斯死后，军队拥立君士坦丁为帝。但是他没有回罗马加冕，留在了高卢，因为他得知其他五个人也在帝国的不同地方称王。

　　然而，过了不久，君士坦丁得到了罗马人民带来的消息，请他过去把他们从马克森提乌斯——当时在罗马扮演皇帝的角色——残暴的政府下解救出来。但是君士坦丁是一个明智的人，他认为离开高卢卷入与马克森提乌斯的斗争对他来说并没有多少好处，于是就没有理睬这个消息。

最后，马克森提乌斯公开侮辱君士坦丁并威胁要杀掉他。这时，君士坦丁被激怒了，便集结了一支由精兵强将组成的部队向罗马进发。他翻过阿尔卑斯山，过不多久，就与马克森提乌斯在意大利平原上展开了战斗。

第一场战斗发生在都灵附近。马克森提乌斯的士兵虽然穿着钢制盔甲，但是君士坦丁的军队进攻得很猛烈，他们的盔甲并没有起到什么作用，很快就被打败了。另一场战斗在维罗纳进行，在那里，君士坦丁又一次取得了胜利。

第三场战斗发生在罗马附近的台伯河畔。马克森提乌斯的兵力相对于君士坦丁占了优势，但他并不是一个好的将领，因此又

君士坦丁与马克森提乌斯之战

被轻易打败了，他自己也在渡河逃跑时淹死了。

　　战斗结束之后，君士坦丁在人们的欢呼声中进入了罗马。不久之后，他跟基督教主教欧瑟比讲了一个有趣的故事。他说，在他经过意大利北部来罗马的路上，一直在想基督教的问题。两个多世纪以来，它已经传遍了所有文明国家，君士坦丁认为自己也应该放弃崇拜非基督神祇而成为基督徒。但是，他下不了决心。

　　一天，他站立在营帐前面，手下的官员和士兵围着他，这时，天空中出现了一个巨大的火十字架。十字架一旁是一行希腊文字：“这是胜利的征兆。”这些字里面又变成拉丁文形式，In hoc signo vinces，翻译过来就是“这是你克敌的迹象”。

君士坦丁之门

　　君士坦丁被这个神奇的景象惊呆了，他凝视着它，直到它慢慢消失。他理解不了其中的意思，为此而深受困扰。但是那天晚上，他梦到基督穿着发光的白色法袍向他现身，手里拿着一个十字架向他承诺，如果他把十字架作为他的军旗，就会取得胜利。

　　此时，君士坦丁宣称他是一个基督徒并且做了一个十字军旗，上面系了一条横幅，印着基督之名的第一个字母。这种旗被称为"拉布兰旗"，后来成了的罗马皇帝的军旗。

　　当君士坦丁成为基督徒之后，他开始让基督徒成为他的宠臣，还让其中一些成为政府高官；同时他建造了一些基督教堂，拆掉了一些异教神庙。他还让基督教成为罗马的国教，而且让十字标志漆在盾牌和罗马的军旗上。

　　这样，经受很多很多年的残酷迫害之后，基督徒终于受到了罗马皇帝的友好对待，而且势力很快壮大起来。成千上万的罗马人改信了基督教，教堂里也挤满了崇拜者。

二

　　君士坦丁也改进罗马的法律制度和管理体系。他阻止了官员的歪风邪气，并建立了公平合理的方式来处理公共事务。他解散了著名的禁卫军，它是罗马几个世纪以来的一种邪恶势力。君士坦丁还实施了好几项改革，他似乎很急切地想转入正轨，从而给人民带来最大的福祉。

因此，在君士坦丁的统治下，罗马变得幸福繁荣起来。为了向他的高尚行为表示感激之情，人们在城市的中央广场竖立了一道宏伟的大理石拱门向他致敬，上面刻着：

"向和平的创建者致敬。"

同一个时期的六个皇帝死了四个。但是，东部有一个皇帝叫作李锡尼，君士坦丁向他发起了进攻，击溃了他的军队，还从他手上夺走了他的绝大部分领地。

此后，两帝结成盟友，但是过了一段时间，他们吵了一次架并且又开始了战争。他们每人领着一支大军和舰队，打了两场大仗，君士坦丁都获得了胜利。此后不久，李锡尼就死了。

现在，君士坦丁第一次一统天下，统治广大的罗马帝国长达14年。他建起了罗马有史以来最宏伟的宫殿。他手下环绕着几百个大臣，并且生活在巨大的光环之中。

过了一段时间，他决定要把帝国的首都迁到比罗马更中心的位置，由此他选了位于黑海入口处的色雷斯古城拜占庭。君士坦丁派出了许多工人对这座城市进行修缮和改造，还把它的名字改成了君士坦丁堡，意为君士坦丁之城。他花巨资竖立了一幢幢华丽的建筑，开挖沟渠、拓展街道和兴建公共广场，以及一个伟大帝国的首都所必须要做的其他事情。用从希腊、意大利和亚洲国家获得的最好的雕像和其他艺术品，把君士坦丁堡装扮得更加美丽。

当一切都准备就绪，君士坦丁带着政府官员搬到了君士坦丁堡。在此之后，他活了大约 7 年。那时天下太平，除了与哥特人一场小的冲突，帝国的人民深感满意和幸福。

君士坦丁在 63 岁时死于君士坦丁堡，结束了将近 31 年的统治。他是罗马第一位基督徒皇帝。

第二十九章　西罗马帝国的灭亡

　　君士坦丁之后的大多数皇帝不是残忍的暴君，就是庸碌无为之辈，他们把时间花在了寻欢作乐上面，忽视他们对人民的责任。然而，其中有几个还是做了几件非常之事，因此在罗马名人中还算值得一提。

　　其中一个皇帝叫尤利安，史称叛教者尤利安，因为他放弃了基督教，而试图在罗马再次建立非基督神的崇拜。尤利安还尝试重建在耶路撒冷的神庙，就是我们所看到的被提图斯摧毁了的那一座。基督教有个预言说，它永远不能被修复，而尤利安想通过重建来证明预言是错的。流传着这样一个故事，只要工人一开始工作，火球就会从他们附近的地上爆裂出来，他们只好停下来。他们试了一次又一次，每次都发生同样的事情，到最后，他们只好完全放弃这项工程。

　　在尤利安继承帝位不久，他带领大军去征讨波斯。刚开始，他非常成功，多次在战斗中打败波斯国王。但是，有一天，他被一支箭射中了胸膛，不久就死了。据说，他受伤倒地时，向空中

狄奥多西金牌

洒了一把自己的鲜血，大叫道："你赢了，哦，加利利人。"他所说的加利利人指的是基督，人们经常叫基督加利利人，因为他是在加利利长大的。

　　尤利安统治结束不久后，出现了一个皇帝名叫瓦伦提尼安。他让他的弟弟瓦伦斯当帝国东部的皇帝，而他自己统治西部的领土。之后，帝国许多年来都是由两个皇帝统治，一个称为东部皇帝，另一个是西部皇帝。

　　瓦伦提尼安死后，他的儿子格拉提安成了西部皇帝。瓦伦斯死后，一个有极具将才的战士，名叫狄奥多西，当上了东部皇帝。格拉提安软弱无能，治国无方，最终被一个叫马克西穆斯的西班牙人所杀，马克西穆斯自立为西部皇帝。

　　狄奥多西征讨马克西穆斯，打败了他，最后把他处死。此时，他把瓦伦提尼安的儿子立为西部皇帝，称为瓦伦提尼安二世，还给了他一个叫阿尔博加斯特的首领作为他的顾问。但是，阿尔博加斯特不久就成了西部帝国的实际掌控者。一天，瓦伦提尼安二

世被人发现死在了床上。之后，阿尔博加斯特让教师欧根尼乌斯
当了国王。狄奥多西非常清楚瓦伦提尼安二世是被谋杀的，于是
他对欧根尼乌斯和阿尔博加斯特开战，打败了他们。这样，狄奥
多西成了东部和西部的皇帝，几个月之后，他就死了（395 年）。

　　狄奥多西曾是一个明智的统治者，但他做了一件非常恶劣的
事。希腊北部的国家马其顿的一个城市萨洛尼卡的居民杀了他们
的总督，因为他把人们喜爱的圆形广场里的一个骑士抓进了监狱。
当狄奥多西听说了这件事，非常气愤，他下令邀请当地的居民来
圆形广场看表演，然后在那里将他们都杀死。这个残酷的命令执
行了下去。一天，萨洛尼卡的市民受邀前往圆形广场来观看一场
盛大的演出。当时来了几千人，他们刚一坐下，就有一队士兵在
狄奥多西手下大将的指挥下，进入了广场，然后把他们全部屠杀
殆尽。超过 6000 的男人、女人和孩子被杀害。这个时候，狄奥
多西住在意大利北部城市米兰。同时，一个叫安波罗修的主教也
住在那里。他是一个善良而且神圣的人。当安波罗修被告知萨洛
尼卡人被屠杀之后，无比震惊。他严厉谴责了皇帝，并且不允许
他进入教堂的大门，除非他接受苦行，对他犯下的如此残暴屠杀
众多无辜之人的罪行进行救赎。

　　继任狄奥多西成为西部皇帝的是他的儿子霍诺留斯，他统治
了 29 年，但是，那时真正的统治者是一个名叫斯提利科的军人，
他是皇帝的侍卫。霍诺留斯是个头脑简单的人，而且没有欲望和
能力去参与政府事务。

安波罗修指责狄奥多西

　　哥特人和汪达尔人，还有其他一些来自欧洲北部和东部的野蛮部落开始伺机作乱，连罗马城本身都受到了威胁。这个伟大的城市曾两次被完全攻陷和掠夺。第一次是被阿拉里克领导的哥特人，另一次是被野蛮勇士盖萨里克领导的汪达尔人。有关这些野蛮人首领和他们的事迹可以在这本书的姐妹篇《中世纪名人》里面读到。

　　为了保住帝国的地位，罗马人被迫撤回了几个外部行省的军队，如已由当地居民自治的不列颠，来抵挡外敌的入侵。在此之后 50 多年里，一些碌碌之辈在应付这个曾经强大帝国的烂摊子。其中一个取了个夸张的名字——罗慕路·奥古斯都。他是欧瑞斯

罗慕路·奥古斯都交出皇冠

特的儿子，欧瑞斯特是意大利军队的将领，他保他儿子登上了皇位。罗慕路·奥古斯都是西部帝国的最后一位皇帝。

意大利士兵之中有一个巨大的半野蛮人，叫作奥多亚塞，属于一个野蛮的北方部落。因为他的勇气和力量，他成为军队中很受欢迎的人。他立志要成为意大利的统治者，于是带领军队，杀了欧瑞斯特，把罗慕路·奥古斯都打入了监狱，并迫使他放弃皇帝的头衔。然后，奥多亚塞在公元476年成了意大利国王。

到此为止，世界基本上进入了叫作中世纪的时代，而许多隶属于罗马帝国的其他国家也开始实行自治或者自己抵御新的入侵者。高卢被称为法兰克人的日耳曼部落入侵并征服了，此后这个国家被称为法兰西。不久之后，被罗马放弃的不列颠，也被日耳曼部落攻占。到了最后，伟大的罗马帝国四分五裂，而罗马，长久以来的所谓的世界霸主，也失去了它引以为傲的宏伟与权势，沦为一个二三流的城市。

但在这之后，东部帝国还延续了好几个世纪，而其首都设在君士坦丁堡。它的领土包含了众多在罗马帝国未分裂之前的亚洲、非洲和欧洲东部的属国。到了最后，希腊人的权势，再加上希腊分区教会的影响力，在君士坦丁堡变得非常强大。因此，东罗马帝国也被称为希腊人帝国，有时也称为拜占庭帝国，它是从首都的古称而来。

14世纪，土耳其人抑或伊斯兰教徒，那时在西南亚非常强大，开始侵入这个帝国。他们攻克并占领了几个行省，还在 1453 年攻占了君士坦丁堡，君士坦丁堡从此成了土耳其人或者奥斯曼帝国的首都，当时的最高统治者叫作苏丹。